死者との対話

若松英輔
Wakamatsu Eisuke

TRANSVIEW
トランスビュー

目次

装幀　間村俊一

カバー・表紙画＝司修「賢治瞑想　としの手紙」より

死者との対話

死者がひらく、生者の生き方

本日はお天気のよい土曜の午後にもかかわらず、神保町の地下の会場にお集まりくださり、ありがとうございます（笑）。ご来場くださった皆様と共に、今ここにはいらっしゃらない読者の方々にも、あらためて深くお礼申し上げます。

じつは今回の講演会は、私から出版社の方にお願いして開いていただいたものです。先に『魂にふれる　大震災と、生きている死者』（トランスビュー）という本を出させていただきました。その後、こうして皆さんとお会いしてみたい、と思いましたのは、私から皆さんに何かお伝えすることがあるから、というよりも、皆さんがどうお感じになっているのかを、ぜひ、うかがわせていただきたかったのです。

奇妙なことだと思われるかもしれませんが、文章を書いていますと、作品を完成させるのは、書き手ではなく、皆さんのような読者であることがはっきりと感じられます。確かに、文字を刻むのは書き手の役割ですが、言葉は読まれることで新生する、とも言えると思います。それは食材と料理人の関係に似ているかもしれません。書き手は可能な限り最高の素材を提供したいと願う。料理人は、それを調理するにあたって、それまでのすべての経験を注ぎ込む。そこにはじめて「食」すなわち、いのちの「糧」が生まれる。話し手と聞き手においても関係は同様で、皆さまが聞いて下さることではじめて、私に宿った思いが、開かれた言葉になるのだと思います。

また、私一個のことをお話し申し上げると、今日、皆さんの前で死者の話をして、自分のなかで、あるけじめをつけたいとも思っております。それでは、はじめさせていただきます。

お手元に、数人の著者の言葉を引用した資料をお配りしました。それらは、『魂にふれる』では取り上げなかった言葉です。一部、出版後に出会った言葉もありますが、そのほとんどは、先の本を書きながら念頭を離れなかったものばかりです。

振り返ってみると、これらの言葉が書く私を支えていてくれたことがわかります。本を書き上げてみると、私を守護してくれていたそれらの言葉が、どこからともなく、はらはらと私の手の中に舞い降りてくるような心持ちがして、この言葉たちをもまた、光のもとに照らし出して、皆さんと一緒に味わってみたい、これらの美しい言葉は、きっと皆さんにも何かを語りかけるのではないか、そう思ってお渡しした次第です。

さっそく読んでみます。最初の文章は、宗左近《そうさこん》訳のアランの『幸福論』の一節です。

死者たちは死んではいない。このことは、われわれが生きていることから、じゅうぶん明らかである。死者は考え、語り、そして行動する。かれらは助言することも、意欲することも、同意することも、非難することもできる。これは本当だ。しかし、それには、耳を傾けることが必要である。すべてはわれわれの内部にあるのだ。われわれの内部に生きているのだ。

（中略）しっかりとものを見、よく耳をすますがいい。死者たちは生きようと欲している。あなたの内部で生きようと欲している。かれらの欲したものをあなたの生命が豊かに展開することを、死者たちは欲している。

ほんとに、付け加えることはないです。こうした一節は、ただ繰り返し読むことを求めるだけで、生半可《なまはんか》な解釈を拒むところがあります。

「死者たちは死んではいない。このことは、われわれが生きていることから、じゅうぶん明らかである」、死者が実在するもっとも確かな証拠は、私たち生者が今ここにいるということなのだ、見方を変えれば、もし、死者たちによって支えられていなければ、生者は一瞬たりとも生きられない、とアランは言うのです。

身が砕けそうな出来事は存在します。そう思われる悲嘆の日々は、私にもありました。しかし、この身が破れずにいるのは死者が自分を守っているからではないか、そうでないならば、私のような脆弱《ぜいじゃく》な心はとうに滅んでいたに違いない、そうはっきりと自覚された瞬間を、いまでもはっきりと覚えています。

最後の一節も重要です。「死者たちは生きようと欲している。あなたの内部で生きようと欲している。かれらの欲したものをあなたの生命が豊かに展開することを、死者たちは欲している」、このとおりではないでしょうか。

死者は生者といつも共にある。その状態を、ここでは「協同」と呼びたいと思います。死者の願いは、単に生者に想い出してもらうことではありません。生者が死者と「協同」しながら、真実の意味において充実した生を生きることだというのです。このアランの言葉は、死者が遠い過去の存在ではなく、今ここにいる隣人であることを教えてくれます。

もう一点、ここで注意していただきたいのは、訳者の宗左近という人物です。宗さんは詩人です。そしてこの人こそ、戦後の日本において、もっとも生々《なまなま》しく死者と共に生き、それを言葉になさった文学者です。戦争でお母様を亡くされ、死者である母に言葉を紡ぐところから始め、詩の言葉とは生者と死者との交通を実現する通路であることを、示してくれた方です。アランの『幸福論』は、今、複数の翻訳を手にすることができますが、この『幸福論』だけは、一度は、宗さんによって訳されなければならなかった、そういう作品です。

宗さんにとって、死者とは文字通りの心友です。彼は詩の集いの主宰者でもありましたが、同人たちとのパーティーでの挨拶で、今日は死んだ仲間たちがたくさん来てくれてうれしい、とためらいなく言う人です。

じつは今日、皆さんにこうしてお集まりいただいて相見《あいまみ》えているのは、私と皆様だけではなくて、私たちと共にいる死者たち同士もです。このことが本日の眼目、一番大事なことです。

この会場は地下です。今日うかがって、何か意味のある偶然のようにも感じられました。なぜなら、地下はさまざまな宗教において、死者の国を象徴する場所でもあるからです。私たちはふだん、地上で暮らしています。そして人は亡くなると、私たちの見えない異界へと行く。死者たちは、そこから私たちを支え続けている。

私たちは今、「地下」にいます。死者の世界をしばし訪れているとしましょう。この会が終わると、私たちはふたたび地上に戻り、日常の生活を続けます。すると雑事に追われて、あるとき地下にいたことを忘れてしまうかもしれない。たとえそうだとしても、地下の世界がなくなることはありません。そこから発せられる不可視な働きもまた、止むことはないのです。

現代人は、目に見えないもの、あるいは感覚できないことを、「ない」ことにしてしまいがちです。でも、ほんとにそれでよいのでしょうか。不可視であることは、不在であるということでしょうか。自分に感じられないということは、存在しないことと同じでしょうか。また、自分にとって容易に信じ難いことは、あってもなくてもよいことなのでしょうか。

見えなくても私たちが信じていることはたくさんあります。希望がそうです。人生の意味もそうです。絶望とは、人生の意味を見失う経験ですが、見方を変えると、絶望による衝撃と不安こそが、意味の存在をはっきり感じさせてくれるとも言えます。それは、人生の意味が何であるかを知ることではありません。ただ、その「意味」が存在することを、全身で知るのです。さらにいえば、それが、今は分からないかもしれないが、自分の深いところにしっかりと存在しているのを感じることです。

かつて感じられなかったことでも、時機が訪れると実感できることがあります。私ごとですが、最も確かなことでもありますので、お話しさせていただきます。先日、父が亡くなりました。生前、父には、ある畏敬を感じていましたが、その一方で、世間並みの摩擦もありました。父は八十四歳になろうというときに逝きました。欠点の少なくない人で、ある意味でわがままな人生を送った人でしたから、長くないかもしれない、と告げられたとき、亡くなっても自分はそれほど衝撃を覚えないだろう、静かにそれを受け入れられるだろう、と思っていました。しかし、亡くなってみると、自分の感情が予想とまったく違うことに驚きます。

そのときの心情は――それは今も続いていますが――悲しみというよりも、深い慈《いつく》しみにつつまれている感じだったのです。同性の親からはなかなか慈愛を感じられないのは、私だけではないと思います。

父がいなければ私は生まれなかった、という生物学的な意味で、生前には、その存在に恩を感じていた。しかし、亡くなってみると、実態はまったく異なっていて、彼の無言の慈しみが自分を生かしてくれていたことを知ったのです。

生前はそれが、どうしてもわからなかった。「からだだけは大切にしろよ」という何気ない言葉にも、彼の万感の思い、深い祈りがこめられていることが、どうしてもわからなかった。電話の向こうや、会って話しているときに同じことを聞かされても、私は十分にそれを感じ取ることはできませんでした。

父が私をどれほどに慈しんでいたか、あるいは、慈しもうとしていたかを最初に感じたのは、ベッドにあって、言葉を十分に発することができなくなったときです。人は言葉で意志の疎通をはかっている、というのは正確ではありません。言葉によっても、というのが正しいのではないでしょうか。父は弁の立つ人でした。しかし、彼がもっとも雄弁だと感じられたのは、彼が言葉を失ったときです。

彼は言葉を失い、「コトバ」で意思を伝えるようになった、そう感じられました。ここで申し上げる「コトバ」とは、言語としての言葉ではありません。それは人間の存在がかもし出す沈黙の声です。その「声」は、彼が死者となったあとも、私に語りかけてくるように思います。

あるいは、自分が信じ得なくても、他者が大切にしている何かを感じることも少なくありません。信仰や感動にまつわる出来事がその典型です。たとえば同じものを見て、自分はそれほど心を動かされなかったけども、隣りで涙している人がいる。ここに真摯な感情がある、ということを感じることができます。

教会や寺院だけでなく、被災地で、あるいは通りのお地蔵さんなどにも、手を合わせて祈っている人を見ることがあります。その人が何を信じているかは分からないけれど、とても大切な思いがそこに実在することを、感じることはできます。

知解するのではなく、感じるとき、私たちは、それが何であるかの証明を、必ずしも必要としません。ですから私たちは、手を合わせている人に対して、何に祈っているのですか、などというぶしつけな質問はしないのです。

しかし、人々の日常をよく見ていますと、感覚できないものは存在しないということの方が、じつは「建て前」であることもよく分かります。ここにお集まりのみなさん、そして世の大多数の人々は、むしろ見えないもの、ふれ得ないもの、五感を超えるいわく言い難いものの感触をたよりに、生きているのではないでしょうか。私にとって死者とは、まさにそうした存在そのものです。

死者は実在する、だが、死を経験した生者はいない、このことが私の死者論の基点です。臨死は死ではありません。それは岸に接近して、上がらずに帰って来たにすぎません。こちらの岸（此岸《しがん》）の彼方に、「彼岸《ひがん》」の世界がある、そのことだけで十分ではありませんか。そこがどうなっているかは、私たち自身が死の彼方に赴いたときに、自分で経験すればよいのですし、そちらでどう生きるかは、またその場所で考えるべきことだろうと思うのです。私のいう「死者論」とは、生者と死者の関係、あるいは交わりを考えることです。

ですから、近年盛んな、いわゆる「スピリチュアル」な視点――死者が存在するかいなか、死者はどこにいるのか、死者の国はどうなっているのか、という問題とは異なります。そもそも「スピリチュアル」という言葉は、その原義からして、死者とは関係のないものです。「スピリット／spirit」とは、人間のなかにあって、高みを求めずにはいられない本能的衝動です。スポーツマン・スピリットとは、スポーツを通じて、高みへ邁進することです。

今日、ぜひ皆さんにお尋ねしたいことがあります。素朴な質問です。皆さん、死者をお感じになったことがありますか。こんな天気のよい土曜日に、私のこんな話を聴きに来てくださっているのですから（笑）、皆さんも一度ならず、あるいは日々お感じになっていらっしゃると思うのですが、いかがでしょうか。お答えになりにくいですね……（笑）。現代は、そうした経験の開示を、暗黙のうちに封じ込める時代なのです。

もちろん、私にはあります。なければ死者を語っても空論になってしまいます。私にとっての死者とは、ときに私自身よりも私に近い、不可視な隣人です。

人間はしばしば、自分を見失うことがあります。自信を失うといいますが、それは自己への信頼を失うことです。ですから、自信を得るとは、自己への信頼を回復することだと言えます。自己への信頼とは、すなわち自らの魂にふれる、ということです。自信喪失とは、魂の手ざわりが分かりにくくなるということです。先ほどから申し上げておりますように、私たちが、あることを感じられないということと、それがないこととは関係がありません。私たちが自分の魂を見失っても、それは決してなくならない。私が自分の魂から眼をそらすことがあっても、死者は決してそこから離れることはない、それが私の経験している死者との交わりです。死者に出会うとは、「魂にふれる」ことと同じだといってもよいと思います。

このたび、『魂にふれる』という本を、なぜ書かなくてはならなかったのか、その必然をはっきりと感じたのは、書き終えてしばらく経ってからです。それまではただ、大震災であれだけの死者が生まれたにもかかわらず、誰もそれを真剣に語らない現状への、何かいぶかしい感情がありました。

いま、死者が「生まれた」と言いましたが、これが私の実感です。大震災のような出来事でなくても、こうして私が皆さんに向かって話しているこの瞬間にも、日本の、そして世界のどこかで、死者は「生まれて」いる。文字通りの意味で新生している。そして、新生の出来事は、死者と深い関係をもった生者の懊悩、あるいはその彼方にある歓びと直接的に結びついている。先の本が出版されると、ある方が、この本を読みたかったのは、震災で亡くなった人々、死者たちではなかったかと書いてくださいました。ああ、そうだったのか、書きながら、何度もくじけそうになったときに、彼らもまた支えてくれていたのかと感じられたのは、そのときです。

大震災の後、科学者も文学者も宗教者も、ありとあらゆる分野の専門家だけでなく、市民一人一人が、みなそれぞれが感じている真実を、行動によって表明しました。あのとき日本は、たしかに真摯であることを、社会全体で体現してみせた。それは素晴らしいことです。ひとつの出来事にむかって、あれほど多様な分野から積極的に発言があったケースは近年ありません。けれども、私は、死者をまともに語る言論になかなか出会うことはできなかった。

死者をめぐって、目立たないところで真摯な活動をする少数の人々がいることは、私も知っています。『魂にふれる』を書こうと決めた直後、若い息子を失ったある初老の男性に会いました。彼は私に、息子は死者となって、以前よりいっそう近くに感じられる。息子との対話は、日々行なっているといいました。また、男性は二週間後に、ボランティアとして被災地へ入る予定だと話してくれました。格別のことはできないが、話を聞くことはできる。自分も子供を喪ったから、遺族の気持ちが少しは分かるかも知れない、遺族となった被災者の話に耳を傾けることで、その嘆きを今、死者もまた聞いていることを、そうは言わないで、わが身をもって示したいというのです。

遺族は聞き手が真剣なのか、その場しのぎなのかを敏感に感じています。私にも経験がありますが、彼のように死者の存在を実感している人が話を聞いてくれるとき、話している方は、自分の声を聞きながら、なぜか死者の存在を強く実感します。同質の行動をとった人は、きっとほかにもいたに違いありません。

しかしその一方で、ジャーナリズムだけでなく、ほとんどの表現者が死者の問題を前に沈黙した。死者はいる、皆どこかで感じているにもかかわらず、震災後一年ほどは、誰もそのことを真剣に語ろうとはしなかった。そんなことを言えば、あの人は少しおかしい、常軌を逸している、そう思われるのがいやだったのかもしれません。

鎮魂を言った人はいました。死者の魂よ安かれ、といった言葉は何度見聞きしたかしれません。このとき強い異和感を覚えたのは、合い言葉のように鎮魂を言う人々の発言からは、魂とは何かがいっこうに感じられないことでした。

鎮魂を論じることと、魂を感じることは別です。魂の実在を信じていなくても、鎮魂を口にすることはできる、それが現代なのかもしれません。文学者ならまだしも、宗教者すらそうだった、と私には思えました。彼らの発言は、現実から離れているだけでなく、冷淡にさえ感じられました。

冷淡な、と私が言ったのは、彼らが、生者を思う死者の言葉に耳を傾ける前に、彼らを別な次元に追いやることで決着をつけようとした、と見受けられたからです。

亡くなった方はすでにあちらの世界にいらっしゃる、そこで安らかに憩っている、こんな根拠の薄い、実感を伴わない、造られた言葉を聞いて、遺族が納得できるはずがありません。遺族が寡黙であるということは、それで満足していることとは違います。何も言わないのは、言っても仕方がないと思っているからに過ぎません。

遺族となった生者たちの願いは、死者の魂の安息を知ることだけでなく、新しい関係を死者と切り結ぶことだったのではないでしょうか。私を強く動かしたのは、死者の魂、より正確には、魂となった死者の平安をいう言葉ではなく、それにむかって真摯に祈る人間の姿です。祈る人は、自分の願いを伝えようとしたのでは、おそらくありません。彼らは必死に、死者の声を聞こうとしたのではないでしょうか。死者との関係を望むことは、人間の本能です。それが本能でなくなりつつあるのが現代です。

内心の恋を歌にする、それを「相聞歌《そうもんか》」といいます。生者の死者への歌、これを「挽歌《ばんか》」といいます。相聞歌は、挽歌誕生以前の慟哭に始まる、そういったのは白川静《しらかわしずか》です。白川さんは稀代の漢字学者でしたが、優れた歌論をいくつも残しています。

愛する人を喪い、呻く、その嗚咽《おえつ》こそ、相聞歌の起源であり、もっとも切実なる愛の表現だと白川さんは考えます。その呻きの蓄積が、ある日、歌人に宿って歌になるというのです。

震災から一年が経過すると、「死者」を主題にした作品や発言をする人が現れます。空疎な言葉が飛び交うなか、真摯な書き手たちは言葉が宿るのを待っていた。小説家のよしもとばななさんや、仏教哲学者の末木文美士《すえきふみひこ》さんがそうです。よしもとさんはデビュー作の『キッチン』以来、死者を小説の主題としてきました。彼女は震災後『スウィート・ヒアアフター』という作品で、死者の実在を描き出しました。末木さんは、以前から死者の哲学の復権を唱えてきた方です。私は彼らの言葉にずいぶんと励まされてきました。現代においても死者は語り得る存在である、と思えたのは、彼らの作品や論考によるところが大きいのです。

また、新聞がこれまでとは違う意味で「死者」という言葉を用いるようになったのも、大きな変化です。「死者・行方不明者」という場合とは異なる「生きている死者」を、新聞各紙が、震災以後の日本で見過ごすことのできない重大な問題として論じ始めています。また、日本最大の書店の一つ、紀伊國屋書店の新宿本店では、私が監修をさせていただき、死者論をめぐるブックフェアが実施されました（このときのブックリストと紹介文は次章に掲載）。ついこの間まで、「死者」とは、ほぼ遺体のことだったわけですから、時代は大きく動いていると思います。

『遺体――震災、津波の果てに』という本をお出しになった石井光太さんというジャーナリストがいらっしゃいます。あるとき、この方がテレビに出ていました。本に書かれた遺体安置所の現状など自身の経験をひとしきり語られて、番組が終わろうとするときに、これだけは言わなくてはならないという感じで発言した言葉が印象的でした。遺族の方に話を聞いていると、「幽霊でもいいから出て来てほしい」とみな口をそろえる、それが本当の気持ちだと思う、と言うのです。そこで番組は終わりました。

同じ言葉を、私も近親者から何度聞いたか分かりません。ですが、よく考えてみると、死者の来訪を願う感情は、震災後に限らず、歴史が始まって以来、途絶えることなく続いてきたのではないでしょうか。こうした遺族の思いをどう認識するかは、それぞれの立場、意見があっていいでしょう。しかし、その思いに込められた真摯さを愚弄することは、誰にも許されない。

遺族の姿を見、そして声を聞きくにつけ、死者の問題に向き合うことなく、震災の問題に本質的な解決は見出せない、そればかりか、解決にむけてのスタート地点に立つことすらできない、というのが私の、今も変わらない実感です。

多くの生命を脅かす出来事があって、人が次々と亡くなってゆくなかで、死者と共に問題を解決しようとした例が日本にあります。水俣病をめぐる運動です。作家の石牟礼道子の「わが死民」と題された文章の一節を読んでみたいと思います。石牟礼さんは『苦海浄土《くがいじょうど》』という作品をはじめ、文筆家としても、また活動家としても水俣病問題に深く関与された方です。


死民とは、市民という概念の対語ではない。

(中略)

死民とは生きていようと死んでいようと、わが愛怨のまわりにたちあらわれる水俣病結縁のものたちである。ゆえにこのものたちとのえにしは、一蓮托生にして絶ちがたい。

このような生存世界から剝離し、水俣病事件の総体から剝離してゆくものたちは、未来へゆくあてもないままに、おそらく前世にむけて戻ろうとするのではあるまいか。前世とは、たぶん、罪障を宿している世界である。そこへ戻るにも生きてゆこうにも無明の道であって、煩悩だけが足のないものたちとなり、わたくしの身辺に寄りなずむ。

強靭な、そして確固とした体験に裏打ちされた、しかし美しい響きをたたえた文章です。「わが死民」は、石牟礼さんの文章のなかでも、特異な律動をもっています。何かに衝き動かされているだけでなく、「死民」たちの声が、彼女の肉体を通じて顕われている。

ここにある「一連托生」や「浄土」といった言葉から、仏教の世界観が背景にあるように思われますが、石牟礼さんが実感を込めて語るのは、狭義の浄土仏教の教えをはるかに超えた世界の出来事です。浄土教では、人は亡くなったら浄土へ往くと教える。しかし、「死民」たちは、亡くなっても浄土には行かない。問題を根源からただすために、あえて罪障を宿す「前世」へ行こうとする。しかし、そうした生死の理法に逆行することは容易ではなく、「煩悩だけが足のないものたちとなり、わたくしの身辺に寄りなずむ」、すなわち、死者、「生きている死者」となって生者に寄り添い、協同するというのです。

「死民」は、「水俣病を告発する会」の機関誌の名称でもありました。この運動がどのような精神的共同体だったたか、この一語からはっきり伝わってきます。彼らは、亡くなっていった「仲間」たちを忘れまいとしているのではありません。忘れるも何も、彼らは今も「死民」となって、自分たちと一緒に闘っているというのです。さらに言えば、石牟礼さんの文章を読むと、運動に参加していた人々は、先頭に立つのは死者であって、生者がそれに付き従うのだと感じていたように思われます。

「死民」、すなわち「死者」は、亡くなった人の思い出ではありません。思い出は、皆さんや私の「思い」です。死者の、ではありません。死者はもっと生々しい存在です。生者が自分の都合で変えることができない実在です。思い出は、さまざまに解釈できます。それは止まって、動かない。しかし、死者はちがいます。冒頭で見たアランの言葉にあったように、「かれらは助言することも、意欲することも、同意することも、非難することもできる」のです。

死者をありありと感じる一群の人々がいて、彼らがそれを真摯に語ったとしても、それにふさわしい態度で受け入れる者が少ない、それが現代です。現代が死者を封じ込めてきたのは、科学がその存在を証明できないからです。しかし、よく考えてみると、科学的証明が可能か、という問い自体がまちがっていることに気がつきます。

科学はもともと「死」を境に、その線を超えた領域での出来事を自らの守備範囲としないと宣言している、ある一つの考え方に過ぎません。科学が不完全であることは、日々、進歩していることからも明らかです。完全なものは進歩しません。ですから科学が死者の存在を証明できないということは、それが存在しないこととはまったく関係がありません。

同様のことはいくらでもあります。私たちは誰かを愛しているということを、どうすれば証明できるでしょう。愛は、人間の営みのなかに発見されることによって証しされるものではないでしょうか。他者の言動にふれる、人はそれが愛としか命名し得ない何ものかであることを発見する。そのほかに愛の実在が証明されることはありません。まったく非科学的ですが、これが、私たちの魂の現実により近い経験ではないでしょうか。ここでの「他者」には死者を含みます。そして、死者の存在自体も同じです。私たちが彼らを見出すことによってのみ、その実在が証明されるのです。

現代人は、自分の問いそのものがまちがっているかもしれないとは考えない。自分の問い方は常に正しいと思っている。あの人は、自分の目の前からいなくなったんだから、存在しない、確かなのは、喪ったことと癒されない悲しみだけだ。死者なんかいない、だから、こんなに悲しいんじゃないか、そう思い込む。私もそうでした。でも、本当にそうでしょうか。

死者はいる、死者は私たちのそばにいる、ときに私たち自身よりも近くに存在している、と今は感じています。そして、死者の臨在をもっとも強く実感させるのは「悲しみ」です。

死者をめぐる悲しみとは、生者の感情の起伏ではありません。死者が生者の魂にふれる合図です。それは誰に教えられたわけでもありません。それは、私に訪れたはっきりとした一つの経験です。

『魂にふれる』を出してから私は、自分と同じ感覚を持ち、言葉にした人物が幾人かいることを知りました。あとで読んでみますが、宗教哲学者の柳宗悦《やなぎむねよし》がそうです。キリスト者の内村鑑三、その後継者となった矢内原忠雄《やないはらただお》にも同様の告白があります。彼らにとって、「悲しみ」は単なる嘆きの出来事ではありません。悲しみは、いつも慰めと希望を伴って訪れる「恩寵《おんちょう》」でもある、それは彼らに共通した確信でした。

「悲しみ」を、こんなにも惨めな、慰めのない、救いのないものにしてしまったことも、現代の大きな誤りだと思います。悲しいときは、ほんとうに悲しんだらいいんです。悲しんで、悲しんで、悲しみぬいたらいいんです。死者をめぐる悲しみのない人生のほうがいいなんて、私は嘘だと思います。

その人が亡くなって、悲しくて悲しくて、どうしようもない、それほどまでに思える人と出会えた人生は、素晴らしいではありませんか。そういう人に出会えた人生が、どうして不幸なはずがありましょう。悲しいということは、それだけ自分の人生に大きなものがもたらされていたことの証であるのです。私は未熟な人間ですから、妻を喪ったときにはじめて、自分が満たされていたことを知りました。悲しむことで、はじめてその人の重みを知った。そういう経験は、震災に限りません。今、この瞬間にも私たちが直面する普遍的なことがらではないでしょうか。

死が終焉《しゅうえん》だと信じ込むようになったのは、ついこの間のことです。百年前の人々は、死が終わりだなんて思っていません。そうした世界観は、文学にも芸術にも哲学にも痕跡が残っています。少なくとも日本人は、そんなことは思っていなかった。

『茶の本』（原著は英語 *The Book of Tea*）を書いた岡倉天心という人物がいます。来年（二〇一三年）が、生誕百五十年、没後百年になります。

天心が言う「茶」とは、美とその実践の異名です。たしかに天心は、近代日本において美を再発見した人です。しかし、彼にとって美とは、真理の別な呼び名でしたから、天心は近代最初の美学者であるとともに、真実の意味での哲学者でもありました。ですから、もし近代日本精神史が書かれるとしたら、私たちはこの人物を忘れることはできない。天心は西洋的世界観が世界を席巻するなか、「東洋」というもう一つの世界が存在することを、世界にむかって訴えます。彼が生前に出版した本は、すべて英語で書かれています。『茶の本』もそうです。そこで彼がこんなことを書いています。

われわれのなかで、われわれが人生と呼んでいるこの愚かな辛苦の騒然たる大海で、自らの生を適切に律する秘儀を知らない人々は、たえずみじめな状態にある。しかも幸福に見せかけようと、むなしい試みを続けている。われわれは、自らの力で霊的な安定を保とうとして、幾度となくよろめく。そして、地平線に浮かぶ雲に嵐の前兆を認めようとする。しかし、永遠の彼方にむかい、繰り出してゆく波濤のうねりのなかに、歓喜もあれば美もあるのだ。なぜ、その霊なるもののなかへ入ってゆかないのか、さもなくば、列子のごとく、高らかな風に騎《の》ろうとしないのか。（筆者訳）

「永遠の彼方にむかい、繰り出してゆく波濤のうねりのなかに、歓喜もあれば美もあるのだ」とあるように、真実も歓びも、生者は死者の世界との関係のなかに築き上げなくてはならない、と天心は考えます。彼にとってこの世は、「世界」の一側面に過ぎない。それは彼の知的理解であるよりは、ゆるぎない経験です。

天心はことさらに「死者」を語りません。なぜなら、その存在が世界の前提になっているからです。「列子のごとく、高らかな風に騎《の》ろうとしないのか」と天心は書く。「列子」は孔子、老荘のような古代中国の思想家です。紀元前四〇〇年ごろに生まれた、老子の血脈を継ぐ人で、荘子に先んじる人だとされていますが、詳細はよくわかっていません。列子は生と死が分かち難いと説いた。天心はそれを受けて、生者たちよ、どうして死者たちから手向《たむ》けられた光にむかって、顔を上げ、足を踏み出そうとしないのか、と読者に問いかけるのです。

近代医学の進歩は私たちの世界観を変えます。寿命は延びましたが、医者が治せない病気で肉体のはたらきが止まると、それですべてが終わりだと人は考えるようになった。しかし、それは人間存在の限界ではなく、医学の限界にすぎません。医学は魂の存在を認めませんから、魂の新生などまったく問題にしません。しかし、医学に限界があることは先に見た通りです。

ここで、魂の有無を断定することを差し控えたとしても、肉体を超える何かがあることは、多くの人々が感じているのではないでしょうか。ここで私が申し上げている魂とは、学問としての精神分析学が言う意識あるいは無意識ではありません。魂は意識と密接な関係がありますが、意識ではありません。むしろそれを司るものです。心理学が知っているのは「心」のほんの一部です。魂は「心」の奥にあると共に、その存在を支えているものです。心理学がどんなに発達したように見えても、私たちが、自分たちの「心」のすべてを、それにゆだねなくてはならない必然など、どこにもないのです。

ゴッホという画家がいます。彼は精神医学的見地から見れば一個の病者です。心理学は、彼の意識は病んでいたというでしょう。しかし、彼が発見した美は、私たちに魂があることを教えてくれるではありませんか。ボードレールという詩人がいます。彼がもし現代に生きていれば、何か病名をつけられていたかもしれません。しかし、この人物がいなければ、近代は「詩」のコトバを発見しなかったかもしれない。コトバが魂のありかを教えてくれるという文学の秘儀が、現代によみがえることはなかったかもしれないのです。批評家の小林秀雄は、ボードレールの詩を「無類の連禱《リタニイ》」と呼びました。ここでの「連禱」とはカトリックで行なう、死者でもある聖人たちに捧げる長い祈りのことです。この詩人の言葉は、宗教がその本来の役割を果たさなくなった現代において、比類なき、また止むことなき祈りだったと、小林さんは言うのです。

つぎに考えてみたいのは、死者と宗教の問題です。まず、私の立場を明確にしておいた方がよいと思います。私は生後四十日でカトリックの洗礼を受けました。洗礼名はアントニオ・パドヴァです。批評家の中村光夫さんが同じ洗礼名です。生後間もなくですから自分で選びとった信仰ではありません。それに悩んだ時期もありますが、信仰もまた与えられるものだと感じるようになってからは、自分の意志による選択か否かは、さほど重要な問題には思えなくなっています。

また最近、いろんなところで現代における宗教、あるいは宗教者の在り方を批判するような言葉を発していますので、どうしてカトリックでありつづけるのか、とのご質問もしばしば受けます。確かに、『魂にふれる』を書いた動機の一つには、死者に対して沈黙した宗教界への異議申し立てがあります。

ですが、私にとって「宗教」とは、学ぶことや知ること以前に、まず生きることです。何事であれ、真に建設的な批判を行ない得るのは、部外者ではなく、それを生きた人間ではないのか、そう考えております。ですから、カトリック、あるいは宗教を批判する間は、自分としてはカトリック、もしくは信仰者であり続けたいと思っています。

本題に戻ります。死者を語ることを暗黙のうちに封印された近代で、個別の経験を超え、無条件に公然と死者の実在を語れるのは、宗教者もしくは文学者をふくむ芸術家たちです。ですから、彼らはそれを語らねばならなかったはずです。医師が傷口に包帯を巻くように、彼らは遺族の傍らにあって、死者の実在を真顔で語らなければならなかった。ですが、それを実践した者は極めて少なかった。

過度に乱暴な言い方をすまい、とは思いますが、死者を語らない宗教など、すでに宗教の名に値しないと私は思います。宗教は、狭義の道徳でも、倫理規範でもありません。どう生きるのが「正しい」のかを説く思想でもありません。宗教とは、生者と死者がともに超越と不可分の関係にあることを示す契機であり、伝統であり、生きる道です。そこではいつも、生者と死者が協同できなくてはなりません。なぜなら、絶対者とは、生者だけでなく死者にとっても、自らを超える何ものかだからです。

誤解のないようにつけ加えておきますが、私は、真の意味での道徳も倫理も、生者のみの問題に終始するとは思っていません。それは死者を視野に入れたときはじめて躍動する、現実的かつ実践的な道になると信じています。死者を基盤にすえない道徳はもろく、死者を視野に入れない生命倫理はいつも科学の傀儡《かいらい》になってしまいます。

ともあれ、本来なら生者と死者の間をいっそう強く結びつけるはずの宗教が、かえって二者の間を分断してしまうのなら、不要ではありませんか。生者を超える世界がある、私たちには知り得ない世界があって、死者はそこと私たちが暮らすこの世界とを縦横無尽に行き来しながら生きている、宗教がこの「常識」を説くことをやめてしまうなら、存在する意味はないのです。

「常識」は英語で「コモン・センス（common sense）」といいます。万人に遍《あまね》く感じられている事実であり、感覚のことです。宗教にあって死者の実在は、「常識」なのではないでしょうか。宗教の根源は、いわゆる不可思議なこととはあまり関係がありません。そんなことに目を奪われていては、その使命から遠ざかるばかりです。宗教の使命とは、生者と死者の協同の媒介となることです。カトリックに関して言えば、その一点に収斂《しゅうれん》するといってもよいくらいです。なぜなら、「死者の王」とはキリストの異名でもあるからです。イエスは死者として「復活」することで、時空を超える救世主「キリスト」になった、それがキリスト教の根源をなす信仰の真実ではないでしょうか。

宗教的な奇蹟は確かにあります。難病が治ったりすることがあります。ないと言うには、古今東西あまりに多くの事例があります。そういうことを信じますか、と尋ねられれば信じると答えますが、どう思いますかと聞かれれば、そこを何か特別なことのように切りとって、格別な意味を認めるようなことは絶対にしない、と申し上げると思います。

単に「治る」ことが奇蹟であるなら、それはかならずいつか止むわけです。なぜなら、万人はいつか死者になるからです。また、治らないことが何かよくないことであるような世界観には、賛成することはできません。私は、不治の病を一身に背負って、美しいまでに勇ましく、その生涯を果敢に終えてみせた人々を、あまりにたくさん見てきたからです。

執筆と共に、私にはもう一つ大切な仕事があります。農薬や化学肥料を使わずに育てた有機栽培の薬草を売ることです。薬の起源は、人間が、薬効を期待して野草を食したときです。そういう意味では「古い」職業だといえるかもしれません。

職業柄、私は、さまざまな病気をかかえていらっしゃる方と話をします。その人たちは皆、元の生活に戻りたいと言う。通常の生活がけっして当たり前なのではないことを、改めて深く感じているともおっしゃいます。

もし、私にイエスのような不思議な力があって、からだにふれるだけで病気が治せたとします。すると人々は私を賞賛し、奇蹟を起こしたというかもしれない。しかし、よく考えてみると元にもどっただけなのです。苦難、苦痛を経験しているわけですから、単に元にもどったというのは言いすぎですが、このとき私たちに示されているのは、病が癒えたという奇蹟と同時に、病む以前の状態もまた「奇蹟」だったということです。

しかし、誰も毎日の生活を「奇蹟」だとは言わない。あまりに日常化しているからです。それを失ってはじめて、その貴重さが分かる。ですが、失うというきびしい経験を経ずとも、日常が奇蹟であることを実感することはできます。そのもっとも端的な契機が、死者と共に生きることだと思うのです。むしろ、私たちが、こうして死者たちと共にあり得ることの方が、よほど奇蹟的ではないでしょうか。病が癒えただけでなく、死んだ者と再び生きることができるのです。それは万人に、無条件に開かれている真実の奇蹟です。

私たちが、いまここに生きているのは、けっして当たり前なことではありません。それは本当に「奇蹟」的なことなのです。今日が、私が皆さんにお会いする最後の機会かもしれない。そんなことないでしょう、とおっしゃるかもしれません。しかし、生きて明日を迎えるというのはそんなに確実なことでしょうか。震災のあの自然の猛威は、そうではないことを、私たちに示したのではなかったでしょうか。

北條民雄という作家がいます。ハンセン病に苦しみながら、二十一、二歳までのたった二年間に、優れた小説を数篇書いて亡くなった異才です。私が文章を書き始めたのも、ちょうど二十一、二歳でしたが、この作家にとても動かされました。ものを書くきっかけになった人のひとりでもあります。北條さんは、自分を唯物論者だと言ったりもしますが、魂の存在をあれほど鮮明に示し得た作品は、近代日本文学にほとんど類例がありません。彼の作品はその「血」によって書かれている、一つ一つの作品が遺作になることを覚悟して書かれています。

北條さんがとても印象的なことを書いています。自分はハンセン病という宿痾《しゅくあ》を背負っているから、分厚い本を買うことはない、自分が買う本は、いつも一日で読み終えられる本である、なぜなら、自分には明日は訪れないかもしれないからだ、と言うのです。素朴な、しかし、たしかな真実ではないでしょうか。

明日が知れないのは彼だけではないはずです。いつか最後の日がやってくることは、確実です。それは今日かもしれないし、もしかしたら数十年後かもしれない。けれども、必ずその日は来る。北條さんだけでなく、ハンセン病という宿命を背負った人々が書いた作品を読んでいると、あえて死者を論じていないのに死者が感じられます。北條民雄の作品としてもっとも知られているのは「いのちの初夜」です。主人公にむかって、先に療養施設に入っていた佐柄木という人物が、主人公の尾田にむかって次のように言います。「あのひとたち」とは、同じ病を背負った仲間たちのことです。

人間ではありませんよ。生命です。生命そのもの、いのちそのものなんです。僕の言うこと、解ってくれますか、尾田さん。あの人達の『人間』はもう死んで亡びてしまったんです。ただ、生命だけが、ぴくぴくと生きているのです。なんという根強さでしょう。誰でも癩《らい》になった刹那《せつな》に、その人の人間は亡びるのです。死ぬのです。社会的人間として亡びるだけではありません。そんな浅はかな亡び方では決してないのです。廃兵ではなく、廃人なんです。けれど、尾田さん、僕等は不死鳥です。新しい思想、新しい眼を持つ時、全然癩者の生活を獲得する時、再び人間として生き復《かえ》るのです。復活、そう復活です。ぴくぴくと生きている生命が肉体を獲得するのです。新しい人間生活はそれから始まるのです。尾田さん、あなたは今死んでいるのです。死んでいますとも、あなたは人間じゃあないんです。あなたの苦悩や絶望、それが何処から来るか、考えて見て下さい。一たび死んだ過去の人間を捜し求めているからではないでしょうか。

主人公の肉体が病にむしばまれて行く一方、その魂は反比例するかのように光り輝く。この一節を読むたびに、私を訪れるのは、佐柄木の目の前で亡くなっていった人々が、死者となって新生する姿です。

これまでもずっと「死者」、「死者」と連呼していますが、私の内的な感覚は、この言葉が背負っている雰囲気とはずいぶん異なるものです。「死者、死者ってやかましいけど、あんまり素敵な呼び名じゃない」、と言う妻の声が聞こえます（笑）。そのとおりだと思います。

そもそも「死者」というのは、生者の側から見た呼び名に過ぎません。もし、死者に「ふれる」あるいは死者の姿を「見る」機会に恵まれた方は、そのたくましく、輝く姿に驚かれると思います。

妻の最期は身の自由を奪われ、やせ細って、痛ましい姿でした。その記憶をたよりに彼女を探している間、私はその姿を見出せず、相当苦労しました。「死者に出会う。あなたは、その姿をみて、思い浮かべていた姿とのあまりに大きな違いに驚くだろう。きっと、自分は、あなたの何も見ていなかったと死者にむかって言うことになるだろう」、と『魂にふれる』に書きましたが、死者は、生者が想像するよりも光に充ちています。

残念ながら、「死」はこれからも悲惨な出来事であり続けるかもしれません。しかし、死者はすでにその惨めさのなかにはいないのです。いつか、死者を死者と呼ばない日が来ることを実現しなければなりません。そして、私は、死者とは何かという話をしなくてすむ日が来るとよいと願っています。死者が現代人の日常において、否定しがたい事実として「生きている」のであれば、改めて論じる必要はなくなります。私はそういう日が来ることを、心から望んでいます。

『魂にふれる』では、何度も書きましたし、おそらくこれからも書いていくだろうと思いますが、それでもなお繰り返したいのは、私たちは「死」を知らないということです。こんなに確かなことはありません。「死」を知っている人なんて、会ったことないでしょう。私もありません。でも震災直後に、名の知れた作家たちや宗教者たちが語ったものの多くは、みんな「死」についてです、死ぬとはこういうことであると、したり顔で書いた。あるいは宗教的には「死」はこうとらえられる、ということをあたかも自分で経験したかのように語った。

教養として「死」が論じられた歴史を顧みる、というなら、こうした話があって仕方ないかもしれません。しかし、愛する人を喪った者に対して行なわれたときは、あまり誠実な行為だとは思えません。「死」とは何であるかを、経験していない人に言われたくはないからです。

皆さんだって、大切な人が、自分が未経験な出来事が原因で困っているときに、知ったような顔で相手を励ましたりはしないでしょう。ところが震災下では、文学や思想、宗教といった場を通じて、それが公然と行なわれた。「死」とは何であるかを、まるで茶飲み話をするように繰り返し論じてきた。

「死」があるのではなく、死者がいるだけであるように、病気もまた存在しません。存在するのは病を背負う人間だけです。「病者」というとき、私たちは病気に目を奪われて、その人の苦しみや悲しみ、その人の本当の姿を見失ってはいないでしょうか。たとえば、がんを患う人がいる。すると大変な病気になったという。でも、大変なのは病ではありません。その人の生そのもの、毎日の一瞬一瞬が大変なんです。もっと言えば、彼らはすでに、がんが治ればすべてが解決するのではない、という人生の深みにおいて生きている。かつてとは異なる次元で生きている、そうした人に、私は一人ならず出会ってきました。私にとっての「英雄」とは、このような人生の問題をすり替えず、それと向き合う人々です。困難を引き受け、今に深く根を下ろし、果敢な、と表現するほかない生を生きる人々によって、私は大きく人生を変えられてきました。

「死」と死者の関係も似ています。「死」に目を奪われていると、死者の姿が見えにくくなります。『魂にふれる』にも書きましたが、今でもまざまざと覚えています。妻が死んで、しばらくしたときでした。かつて二人でよく通った道を自転車で通ろうとしていたときでした。急にからだが大地に沈み込むようになり、動けなくなった。そのときに、あるはっきりした光景を「見た」のです。

彼女が亡くなったとき、私はひとりでした。病室にいて、彼女の亡骸《なきがら》を前に慟哭した。孤独感に襲われる、という表現がありますが、このときの経験は「孤独」に引き込まれるといった方が近い。誰といても「孤独」を感じざるを得ない世界、「孤独界」から自分はもう逃れることはできないと思いました。ここでの「孤独」とは、もう自分は誰からも愛されないという感覚ではないのです。むしろ、自分はもう本当に人を愛することができないという、見えない烙印を捺《お》された感じなのです。

しかし、このとき私が「見た」のは、あのとき自分が感じていた「孤独」と嘆きで塗りつぶされたのとはまったく違う「光景《ヴィジョン》」です。たしかに、私は彼女の亡骸を前に、泣き叫んで、我を失っている。しかし、横には彼女がいて、「大丈夫、大丈夫だよ。私はここにいる。心配いらないよ」と声を掛け、しっかり私を抱きしめてくれているのです。

彼女は私の傍らにいる。これ以上近づけないほど近くにいる。でも、私はそれに気がつかない。なぜなら眼の前にある亡骸から離れようとせず、そこから眼を離さないからです。わめくことを止めようとしない私は、黙れば静かに響いてくる彼女の「沈黙の声」には、気がつかないのです。

「亡骸」は、いわば現代が作りだした、すべての終焉である「死」の偶像です。「死」こそ、私たちから死者を隠すものなのです。死者に出会うために私たちが最初になすべきは、「死」の呪縛から離れることではないでしょうか。むしろ、避けようとしてきた悲しみこそが、生者と死者の間にある「死」の壁を溶かすのではないでしょうか。

何かに「ついて」語るということと、何か「を」知るということは、全く次元の違うことです。何かに「ついて」語るとき、そこにはかならずしも経験は必要ありません。多少、調べればすむわけです。何か「を」、身をもって知るというのは、常に「言い難き」経験です。

何かに「ついて」知るとは、観念の働きですが、何か「を」知るとは、相手に全身でふれることです。海に行かなくても、海について知ることはできます。しかし、海「を」知ろうとすれば、私たちはその美しい風景と共に、脅威も経験しなくてはなりません。何かに「ついて」語られたことを受け入れ従うとは、言葉もできない、現地も知らない、ためこんだ知識だけが頼りの旅行ガイドといっしょに異国を旅するようなものです。震災後だけでなく、現代人は「死」について、あまりに多くを知りすぎたのではないでしょうか。

死者は抽象的な概念ではありません。実在です。それは、人間が安易に解釈することを拒むものです。汲めども尽きぬ、何かです。私たちがかってに、死者とはこういうものだと、どんなに深く、どんなに多様に定義したとしても、それを拒む何かです。概念は自由に変えられます。それはいつも可変的です。概念は、必ずしも実在を伴わなくてもよいのです。

私のサラリーマン時代、会社の会議では、「今月の販売キャンペーンのコンセプトは……」という話をあきもせず、延々としていたように思います。いろんな切り口、考え方を提案する人間が優秀だとされていた。やってみて失敗すると、じゃあ来月は違うコンセプトでやってみよう。この「コンセプト」というのが、私の言う概念です。それは今日の政治家の政策提言のようなものです。明日には変わり、あるいは消えてしまうものです。

現代は、苛烈な経験をくぐり抜けた告白よりも、秩序だった概念が重んじられる時代です。しかし、告白が血の通った生き物にたとえられるとしたら、概念は剝製《はくせい》です。それは決して動かない。危害も加えないけれど、そこには交わりも生まれません。「神は死んだ。人間が神を殺したのである」と言ったのはドイツの哲学者ニーチェですが、それは人間が「神」を剝製にしたと言っているのです。あるいは、宗教は、剝製の「神」を拝することを強要していると、その不誠実を糾弾しているのです。死者は神ではありませんが、生者に比べ、より神に近い存在なのかもしれません。私には今、宗教は、「神」だけでなく「死者」もまた、剝製にしようとしているように思えてなりません。

死者が実在であるというのは、私たちがその存在を忘れてもなお存在するものだからです。実在とは、私たちがどう否定しようとも、決して無くならない存在のことです。実在にふれる営みとは、理屈や説明を介さない、ごまかしが効かない、ほんとうに直接的な交渉のことです。

また、実在の経験というのは、常に私たちの予測を超えてやってきます。ですから、実在体験はいつも静かな驚きと畏れを伴い、私たちを生の意味の深みへといざなうのです。

震災のとき、私は東京で電車の中にいました。ですから震災のことは何も知らないんです。同僚が気仙沼の人間で、家族もいるので、のちに幾度か気仙沼と、隣り町の陸前高田には参りました。陸前高田市は「一本松」で知られる、海岸近くの街が壊滅したところです。今では整備が進んでいますが、市役所だけはそのまま残っています。陸前高田の人たちの強い意図があって残されている、としか思えないほど、ほんとに震災後そのままです。

市役所の一階には、波にのまれた車が二台つっこみ、近隣住民の家屋にあった日用品が流れ込んでいます。玄関口には赤いランドセルが二つ転がっていて、泥にまみれた教科書が数冊散乱しています。

私が行った日は、寒かったですが、いずれも静かなおだやかな日でした。そこに立ち、私たちが感じなくてはならないのは、津波がどれだけ悲惨な出来事だったかということではない。そのことに想像をめぐらすことではないだろうと思うのです。それはとうてい想像し得ない。なぜなら、街を丸ごと飲み込んだ水はすでにないのです。あの日の現実をほんとに知った人間は、いま、波に飲まれてもうここにはいないのです。だから、私たちが未曽有の出来事をほんとに痛感しようと思ったら、静かに死者の声に耳を傾けるしかないのです。

とうてい知り得ない現実の前に身を置く、そういうことが、現代の人間にとってはほんとに大事だと思うのです。不可知であると本当に思えば、人間はそこに畏敬を感じます。現代人の多くは、身をもって感じる前に意見する。あの市役所は、見る者にいたずらに口を開くことを戒めています。そして、ただ平安を祈れと促すのです。

私の父は戦争の世代でした。戦争を経験した人々がだんだん少なくなります。大震災は自ずと、私たちに戦争の悲惨さを再考させます。

大岡昇平という作家がいました。私は一度だけ、中村光夫の葬儀で、大岡さんをお見かけしたことがあります。彼は自身の出征した経験をもとに、『俘虜記《ふりょき》』や『野火《のび》』といった戦争を主題にした優れた作品を残しています。戦後の作家たちに敬愛され、二十世紀日本文学に大きな足跡を残した人物です。

十六歳のときだったと思います。彼の作品を読みました。そのときまず感じたのは、大岡さんは戦争を知らない読者に、あまり感想を述べてほしくなかったのではないか。むしろ、描かれた過酷な現実を前に、沈黙し、戦争の過酷さを知らないということを、徹底的に経験してほしいと願っていたのではないか。これらの小説には読者を沈黙させる現実がある、それを味わいつくす前に言葉を発してはならない、そう思ったのです。その思いは今も変わりません。

ここは文学の話をするところではないので、長くは話しませんが、大岡さんと、彼に続いた戦後世代の作家の異同は、平和論など政治的態度において近く、死者をめぐる態度において遠いことです。

大岡さんは、死者に誠実な仕事をした人です。中原中也という詩人を、いま私たちが知っているのは、大岡さんが中也の仕事を残すために大きな努力をされたからです。小林秀雄や、中也の友人で富永太郎という夭折した詩人の業績を後世に伝えるためにも、彼は大きな労力を費やしました。大岡さんの学生時代の家庭教師は小林秀雄です。小林さんにとって死者論は根本問題ですが、大岡さんもまた、死者を近くに感じながら書いた人だったと思います。

話は変わりますが、ある時、仕事中にタクシーに乗っていました。運転手さんとほんの短い言葉を交わしただけでしたので、どうしてそういう話になったのかはわかりませんが、結局、人生の問題はどれだけ深く魂にふれ得るかだ、という話になりました。

すると、運転手さんが、少し緊張した面持ちで、ちょっといいですか、と言うんです。当社は運転手が、自分の身の上のことを話すのを禁じられています。たいへん失礼なこととは存じますが、すこしだけ伺わせていただきたい、と続けました。六十歳くらいの方です。

自分は夜、仕事が終わると、毎晩デカルトを読んでいる、デカルトを読んで、ノートをつけている、自分は高校しか卒業しなかったけれども、若い頃から哲学を勉強したくて仕方がなかった。仕事に追われて今までそれができなかったけれど、この年になってやっとはじめることができた。お客さん、哲学を知っていそうだから、デカルトに関するよい本があったら教えてください、と言うんです。運転手さんは、デカルトの『方法序説』を毎晩読んでいるが、いまだにわからない、解説本を読んだけどみんなつまらない。デカルトを論じるどの本とも、自分の関心は違うと言うのです。

そして、「私はデカルトに詳しくなりたいわけじゃないんです。何と言うんでしょう、デカルトと話してみたいんです。こんなこと考えておかしいでしょうか」と真剣な様子で話してくれました。

この人がデカルトを読んでも、仕事上の明日の売り上げには、おそらく大きな変化はない。むしろ睡眠時間が少なくなるかもしれない。しかし、彼の魂は躍動している。それは、発せられる言葉からも十分に伝わってきます。私は、ああこういうところに真実の読者がいる、と思った。こういう人に向かって書いていこう、と心に決めました。

しかし、「書く」ことの現場で起こっている真実から考えると、じつは順番は逆です。こうした無名の賢者の言葉は、どこからともなく、私のような物書きに宿ります。無言の声が、どこからともなくやってきて、私に書かせてくれている。物書きは、そういう人の言葉を引き受けて、言葉にしているにすぎないのです。少なくとも、私にとって「書く」とはそうした営みです。詩人であるリルケは、詩を書くとは何ものかからの「委託」を受けることだ、と言いました。リルケにとって「委託」するものは、必ずしも生者とは限りません。死者もまた「委託」する者なのです。

ですから、死者デカルトもまた、この運転手さんを訪れないはずはないと思います。デカルトは彼に答えなど教えない。そもそも答えなど存在しない。ただ問いを深めることはできる、そのことを身をもって示そうとするはずです。デカルトは毎晩、彼の横で、共に『方法序説』に問われた問題を、いっしょに考えるに違いありません。私がデカルトの姿を「見た」と思うのは、こうした瞬間です。

デカルトは心身二元論を説いたというのは、大変皮相的な見方です。彼はむしろ、宗教から自由な場所で、魂の存在を明言した人物です。彼は、「肉体」と「魂」、そう命名するべき存在は確かにある、でもそれは生きている間は不可分である、といったに過ぎません。彼を批判する人々は、神学から解放されて、あまりに華麗に魂を論じたデカルトに嫉妬したのではないでしょうか。冒頭で読んだ哲学者アランが、もっとも尊敬した哲学者がデカルトだったということも、よく理解できます。

私たちが真剣に試みなくてはならないのは、知識を増やすことではなく、「ふれる」ということです。美術館で絵を見て、それに詳しくなることは、けっしてわるいことではありません。しかし、誰が、いつ、その絵を描いたかを確認するよりも、ただ絵の前に立って、それを「見る」という経験の方が、ずっと大切です。

難しいのは、眺めつづけることです。そして、誰に認められなくても、自分の感動を自分で大切にすることです。たとえばセザンヌを見る、絵の彼方に絵を描くセザンヌの姿が見えてきて、さらにその先に、この画家が見たかもしれない実在の風景が広がってくる、そうした経験の方が、セザンヌにまつわる情報を知るよりも、ずっと大切です。

書物も同じです。本を読む、わからなくたって一向にかまいません。意味などわからないまま、どんどん読んだらよいのです。私たちが本当に感動しているときは、おそらく言葉の意味を理解して動かされているのではありません。もっと全身全霊で、何かを感じているはずです。五感を超えた、知解を超えたところで私たちの魂は動いている。それを知識の問題にすり替えるなんてもったいないことをしてはいけません。

さきほど、私は薬草を売って生活していると申し上げましたが、薬草というのは、収穫して、乾燥させて、適切に保管すれば、千年を超える期間でも生き続けます。奈良の正倉院に、当時中国から送られた薬草が保管されています。それらは「正倉院薬物《やくもつ》」と呼ばれているのですが、その薬草を分析してみると、しっかり有効成分が残っていて、今でも「効く」ことがわかっています。言葉も同様ではないでしょうか。言葉は、書物の中に保存されていて、私たちが読んだときに甦る。このコトバの秘儀ともいうべき出来事は、すでに皆さん、日々経験されていると思うのです。

古典と呼ばれるにふさわしい文章なら何でもよいのですが、プラトンでも古今和歌集でも、とにかく長く読み継がれてきた文章を読む。作者が死者である文章を読む。すると、これは自分に向けて書かれた文章にちがいないと感じる経験が、きっとおありになると思います。そのとき私たちはもう、死者と出会っているのです。それは書かれた文字を理解する、ということとは違います。書かれた情報を知解することとは、まったく異なる営みです。

それは、なにかに「ふれた」、そう感じられる出来事ではなかったでしょうか。芸術もしくは文学でも哲学でも何でもよいのですが、それらをひっくるめて叡知《えいち》の業《わざ》としましょう、叡知の業は、いつも自分を用いてくれる人との邂逅を待っているものです。私たちが本を選んだと思っていますが、「ふれる」という経験は、コトバの方からやってくるのではないでしょうか。ふれられたのは、私たち読み手の方ではないでしょうか。

信じることを考えると、少し違った角度から見えてくるかもしれません。宗教の教え、教学や神学は信仰の助けになるかもしれませんが、それらを研究しなくても、信仰は深まります。真摯に祈ることを体得すれば、信仰は自ずと深まって、私たちの生を根本から変えるはずです。

信じることと宗教は、必ずしも一致しない。宗教がなくても、人は信じることができるのではないか。さらにいえば、現代において宗教は、人間に内在する信じる力――これが霊性です――を、かならずしも豊かにしているとはいえないのではないか。ここに現代と宗教の大きな問題があります。

小林秀雄は批評家ですが、文学を通じて真実の意味での哲学、すなわち、私たちはいかに生きるべきか、私たちはいかなる存在かを問い続けた人物です。彼が、講演（『信じることと考えること』）で語った一節をご紹介したいと思います。

僕はある山を見て畏《かしこ》いと思う。そこにはもう神がいるのです。僕はその神と話をすることができるのです。お祈りをすることができるのです。それから神様は何かを僕に命令されるように思われます。僕はそういうふうに行動するのです。そこには神学というものも、教条というものもないのです。だから、僕のような無宗教の男が宗教を考える時には、そういう考え方しかできないのです。

別な講演でこの一節を紹介したとき、私の友人でもある編集者が、小林さんというのは「敬虔なる無宗教者」ですねと言いました。まったくそのとおりです。敬虔であるとは、人間的世界観を超える世界があり、そこに真摯に向き合い、こうべを垂《た》れるということですが、そこに宗教はかならずしも必要ない、ということなのです。

死者との関係もそうです。死者に会うために宗教の門を叩く必要はありません。宗派的信仰は、死者との邂逅の条件ではありません。死者と生者は、媒介者なく直接的に出会い、交わることができます。皆さんが深く実感されることは、本来、誰の承認もいらないものです。小林さんの生涯は、それが万人に開かれていることを証しています。

ここで柳宗悦の文章を読んでみます。柳宗悦は、「民藝」を発見した人です。また柳さんは、若き小林秀雄に決定的な影響を与えた人物でもあります。東京目黒区の駒場に、日本民藝館という「民藝」の殿堂のような場所があります。「民藝」とは何かは、そこに行かれればおわかりになります。「民」とは民衆、あるいは民間を意味します。「藝」は、芸術ではなく「工藝」を意味します。民衆が日々用いる工芸品のなかにこそ、真実の美が隠れているというのが柳さんの発見でした。

柳さんは、幼いとき早くにお父さんを亡くします。そして妹を、愛した姪を、さらに愛息を失います。柳宗悦の思想の根本にあるのは死者との交通です。彼の「民藝」もまた、死者との交わりの先に生まれています。「民藝」の作者のほとんどは、無名の人々です。そうした累々たる無名の死者との対話が、「民藝」の発見へと結実していきます。

その軌跡がもっとも鮮明に描かれている文章の一つが、「木喰上人《もくじきしょうにん》発見の縁起《えんぎ》」です。江戸時代後期、全国を行脚《あんぎゃ》しながら、今日「微笑仏」と呼ばれる、慈愛に満ちた仏像を彫り続けた木喰五行《ごぎょう》というお坊さんがいました。時代に埋もれていた彼の彫像を発見するいきさつを書いた、大変熱情あふれる文章です。これを読んでみると、「民藝」の発見も、死者の助力がなければ決して実現されなかったことがよくわかります。

柳宗悦論というのは今までたくさん出ていますが、彼の「民藝」が死者との協同だったことを指摘した人は、いるのかもしれないが、私は、これまでに見つけることはできなかった。「民藝」が知られ、評価が定まってゆくと、みんなが柳さんを褒めた。すごい審美眼を持っていると讃辞を送った。それを聞いた柳さんは、きっと不満だったと思います。柳さんは傍らにいる死者の助けがなければ、自分はただの木偶《でく》の坊だということを自覚しています。また彼は、「民藝」の道は無名性の探究だと感じていました。栄誉を受けるべきは誰であれ個人であってはならない、それが彼の実感でした。

では、実際に柳さんの文章を読んでみます。私はじつを言うと、『魂にふれる』を書いた時、この一文を知らなかった。ある編集者が教えてくれたのです。それは、妹が亡くなったときに書かれた、「妹の死」(『柳宗悦コレクション3・こころ』ちくま学芸文庫、所収)と題する作品です。

おお、悲《かなし》みよ、吾れ等にふりかかりし淋しさよ、今にして私はその意味を解き得たのである。おお、悲みよ、汝がなかったなら、こうも私は妹を想わないであろう。愛を想い、生命を想わないであろう。悲みに於て妹に逢い得るならば、せめても私は悲みを傍ら近くに呼ぼう。悲みこそは愛の絆である。おお、死の悲哀よ、汝よりより強く生命の愛を吾れに燃やすものが何処にあろう。悲みのみが悲みを慰めてくれる。淋しさのみが淋しさを癒してくれる。涙よ、尊き涙よ、吾れ御身に感謝す。吾れをして再び妹に逢わしむるものは御身の力である。（「妹の死」一九二一年）

本当によくわかります。柳さんには失礼ですが、自分で書いた文章のような心持ちがするくらいです。

「悲みに於て妹に逢い得るならば、せめても私は悲みを傍ら近くに呼ぼう」、そうですね。悲しみを通じて死者に出会えるならば、私たちは悲しみを退けることはないはずです。でも、世の中の多くの人は、悲しんでいる人に向かって、悲しまないで、と言います。悲しんじゃだめ、もっと笑って、と言う。そんな残酷なことがあるでしょうか。「悲みに於て妹に逢い得るならば、せめても私は悲みを傍ら近くに呼ぼう」、妹に会いたい、だから自分は悲しみを近くに呼び寄せよう、というのです。こんな人に、どうして悲しむことをやめろと言えるでしょうか。悲しむなと言う人が、本当につらく感じているのは、相手の悲しみではなく、何もできない自分が、悲しむ姿を見続けることに耐えられないからではないでしょうか。

深刻な病を抱えた人を近くにしても、同じようなことが起こります。人はしばしば、病床にある人に元気になってね、と言う。このことの残酷さを、私たちは本当に知らなければなりません。元気になりたい、周囲の人々のためにもそうありたい、もっとも強くそう願っているのは、苦しむ当人です。しかしそれが、容易に実現されないこともよくわかっている。

なぜ私たちは、病人の横に黙って寄り添うことをしないのでしょうか。なぜ、彼らの悲しみに寄り添おうとしないのか。なぜ、できもしない冷酷な言葉を、優しさの仮面の下《もと》に言うのでしょうか。

愛する人を亡くして、あるいは亡くしてから愛していたことに気がついて悲しむ人に、悲しむのをやめなさいということほど、残酷なことはありません。遺族となった人に悲しむのをやめなさいという前に、むしろ私は、励ますのをやめろと言いたい。励ますことが何か尊いことであるかのように思って、それをし続けるのをやめろ、と言いたい。皆さんは、本当につらいときに、がんばってねと言われて、力を得たと思えますか。私は思えませんでした。

すると、ならば何て言えばいいんだと人は問い返します。そもそも、私たちは試練にある人々に励ましの声をかけなくてはならないのでしょうか。どうしてそう思い込んでしまったのでしょうか。黙って傍らにいることはできないのでしょうか。

悲しみから癒えた者は誉める、悲嘆する者は励ます、あまりに貧しい関係ではありませんか。しかし、私たちはかつても今も、こうした光景を目撃します。特に医療の現場においては深刻な問題を呈します。「がんばってね」と言わない医療従事者がまれなくらいです。彼らは肉体に対応する知識はもっているが、むき出しになった魂にかけるコトバをもたないのです。私が困難にあったとき、私が信頼し、私を救いあげてくれたのは、安易に励ます人ではなく、寄り添う人でした。私もそうありたいと願っています。

もうひとつ、「涙よ、尊き涙よ、吾れ御身に感謝す。吾れをして再び妹に逢わしむるものは御身の力である」。この一節にも、柳さんの実感が浮き彫りにされています。彼は、涙を「御身」と呼ぶ。自分の肉体から湧き出るものだけれど、それに隣人のように向き合う。涙よ、自分を死者に出会わせてくれるのはお前の力だ、というのです。

ここで皆さんといっしょに感じてみたいのは、柳さんが私たちに開示してくれる地平、その風景です。そこでは悲しみや涙は、一時的な現象や単なる物質ではなく、生者と死者の間を取り持つ、いのちある存在となるのです。

次の文章も柳さんで、「死とその悲《かなし》みに就《つい》て」と題するものの一節です。さきほどの文章は、一九二一年十月二十日に書かれましたが、これはその二年後、関東大震災のときに記されたものです。

死にし人々にとっては、残る人々から贈られる涙が、どんなにか嬉しいであろう。果《は》敢《か》ない存在の記憶は只《ただ》それ等《ら》の人々の心によって守られている。私達とても悲さや苦《くるし》さがなかったら、かくも切に故人を想う事は出来ないであろう。涙こそは記憶を新にしてくれる。悲さに於て、此世の魂と彼世の魂とが逢うのである。死は苦しい出来事である。だが自然は不思議にも悲みの心を私達に与える事によって、此世の苦さを慰めてくれる。人は限りなき幾つかの悩みを営《な》める。だが自然はその悩みを省《かえりみ》る心をも与えてくれる。悲さや淋さの心が此世になかったら、吾々の運命は如何ばかり殺伐なものであろう。自然は時として酷《むご》いが、同時にそれを償う温さをも半面に忘れてはいない。逝く者は黙する、だが残る者はその魂に向って叫んでいる。死す者の血は冷《ひやや》かになるとも、弔う者の心によってそれが温められる。大きな同情を促す事なくして大きな苦痛が現われる場合はない。充さるる事なき欠亡は此世に許されておらぬ。

ここでも柳さんは「悲さに於て、此世の魂と彼世の魂が逢うのである」と書いています。悲しみにおいて、生者の魂と死者の魂が出会う、これほど確固とした道はないというのです。

私たちは、悲しみにおいてしか、死者と出会うことはできないのか、悲しみにおいてしか、とは思いません。私たちは感動や歓喜においても、死者と出会います。ただ重ねて私が申し上げたいのは、悲しみとは、いま私たち現代人が押しつけられているような悲惨なものではない、もっと慰めに満ちた、もっと輝くような経験ではないだろうか、ということです。

ここで大切なのは、最後の一文です。「充さるる事なき欠乏は此世に許されておらぬ」、これは柳さんの確信です。これは私もそう思います。慰められることのない悲しみはあり得ない、ということです。「許されておらぬ」という強い表現には、柳さんが、それが真実であることを証明するためなら、自らの生涯を賭してもかまわないという覚悟が見てとれます。

事実、柳さんの生涯は、悲しみと慰めが不可分であることを私たちに示してくれたのではないでしょうか。苦難がいつも希望を伴うように、懊悩が常に歓喜を友とするように、悲しみは慰めを引き連れ、顕われるというのです。死者と生者の邂逅そして、その後の日々を映す、なんとも美しい文章だと思います。

今、柳さんの文章を二つ読みました。声に出して読むと、なんともいえないリズム、律動があります。音がある。この文章を前に、私たちがまず浴びなくてはならないのは、音の姿をしたコトバ、あるいは光となったコトバです。意味はそのあとに付いてきます。これを書くときに柳さんに舞い降りた光は、いまもこの言葉の中に生きています。「書く」とは、書き手が遭遇した光を文字の中に定着させることです。そして、「読む」とはそれをふたたび世界に招きよせることです。

すでにお分かりかと思いますが、私がここで光、音、あるいは「コトバ」と書いているのは死者、あるいは「働きとしての死者」のことです。死者は必ずしも、私たちが予想しているような姿で現われるとはかぎりません。それはときに色となって、また空間となって顕われるかもしれません。私たちが注意するべきは、死者の姿を特定しないことです。場所、かたちなど、自分がある予測をすると、それ以外の姿をして訪れる死者に気がつかないかもしれません。死者は、いつも装いをあらたにして、生者を驚かせます。

また、一点申し上げておきたいのは、死者は絶対に私たちを裁かないということです。裁くのはいつも生者です。死者は訴える、しかし、私たちを裁かない。死者は生者に向けていつも何かを語りかけます。しかし、それに生者は応えない、それでも死者は呼びかけを続けます。あるいは生者がそれに反することを行なったとしても、生者を裁くようなことはしない。それは死者に委ねられた役割ではありません。生者の守護は死者に託された神聖な義務である、それが、私が死者との「協同」において、日々感じていることです。

次は、小林秀雄の「死んだ中原」という詩の一節です。中原というのは、中原中也です。中原中也と小林さんは、親友であり、恋人を間に憎しみぬいた仲であり、それでもなお信頼し合った二人でした。次の詩は、中原さんが亡くなった際に、小林さんが書いた詩の一節です。小林さんは、詩人に向かって詩を書いた。中原さんが、日本の二十世紀最大の詩人にちがいないことを、もっともよく認識していたのは小林秀雄です。その人が、中原中也が亡くなって詩を書いた。これは並々ならぬことです。このことの意味も感じながら、読んでみたいと思います。

ほのか乍《なが》ら確かに君の屍臭を嗅いではみたが
言ふに言はれぬ君の額の冷たさに触つてはみたが
たうとう最後の灰の塊りを竹箸の先きで積つてはみたが
この僕に一体何が納得出来ただらう

夕空に赤茶けた雲が流れ去り
見窄《みすぼ》らしい谷間《たにあ》ひに夜気が迫り
ポンポン蒸気が行く様な
君の焼ける音が丘の方から降りて来て
僕は止むなく隠坊《おんぼう》の娘やむく犬どもの

生きてゐるのを確めるやうな様子であつた

「隠坊」というのは、火葬場で死体を火葬する人のことです。「僕は止むなく隠坊の娘やむく犬どもの／生きてゐるのを確めるやうな様子であつた」、これは、生きているものよりも、死んだ中原のほうが、はっきり感じられたと言っているんです。火葬場の娘や犬というような、目に映るものよりも、死んだ中原、お前のほうが俺にははっきり感じられる、どうしよう、お前は俺をどこへ連れて行くのか、そういう詩です。中原中也が死んで、小林秀雄が中原について沈黙したなんていうのは俗説です。小林は、書いたものは全部、中原に読まれると承知して書いています。

最後に、越知保夫《おちやすお》という批評家が書いた文章を読んでみます。私はこの人物が書いた「小林秀雄論」が、あまたある小林論のなかでもっとも優れているだけでなく、また、独創的だと思います。越知さんが見る小林秀雄は、聖性を探究する者であり、死者と交わる詩人です。

私の恩師は、井上洋治というカトリックの神父です。内村鑑三のあと、借り物ではないコトバでキリスト教の信仰を語り、また生きた人物です。とにかく、井上神父に出会わなければ、私は文章を書くこともなかったでしょうし、越知保夫を知ることもなかったことは確かです。井上神父の自伝で『余白の旅』という著作があります。日本人がキリスト者であることの可能性を、詩的な言葉で綴った稀有な作品です。そこに神父が越知保夫を知った衝撃を書いていた。それが、越知保夫を知った最初です。そのとき私は十九歳でした。以来、何度読んだかわかりませんが、とにかくよく読んだ。数十回は下らないと思います。

越知さんは一九六一年に四十九歳で亡くなりますが、生前には本を出していません。没後二年して有志が遺稿集を編み、友人でもあった中村光夫と関係が深かった筑摩書房から、『好色と花』として出版されます。

現在、彼の全作品を収録した本(『小林秀雄――越知保夫全作品』慶應義塾大学出版会)が出されています。私はこの作品集を編集する機会に恵まれました。この本は文字通りの名著です。死者論、という表現こそ用いていませんが、越知さんは近代日本の批評家のなかで、もっとも鮮烈に死者を論じた人物です。さらに、和歌が、超越と絶対をもとめる求道の営みであることを論じた日本古典論は、いまだに継承し得る人物が容易に現われ得ない、叡知の沃野を切りひらきました。

私が本格的に文章を書くきっかけとなったのは、「越知保夫とその時代」という作品で三田文学新人賞(第十四回)をいただいたことです。それをもとに新たに書き下ろしたのが、『神秘の夜の旅』(二〇一一年、トランスビュー)という本です。そこに「死者論」という、越知保夫の死者論を論じた一章がありますので、お読みいただけたら幸いです。

『三田文学』の編集部から新人賞に決まったという連絡があったとき、越知さんに、「ほんとうに、おめでとう、そして、ありがとう」、と言われたことを今でもはっきり覚えています。このときが、死者をはっきりと経験した最初です。

それまでも漠然と死者を感じてはいましたが、これほど明瞭に感じることはありませんでした。あの経験がなければ、今も、妻を見失ったまま苦しんでいるかもしれない、そう思うことがあります。

死者である越知さんを近くに感じながら、妻の姿を見出せない時期が長かった。彼はときに、導師でもありました。越知さんを感じているということが、私を死者の広い世界に導いてくれたのだと、今では思います。そうした意味で越知保夫は、私にとって最初の死者であり、いまも死者であり続けている恩人です。越知さんの文章を読んでみます。

彼はもはや現実の人間としては生きない。彼の行為は現実の目的性を喪失し、目的への従属を脱した、それ自体のために存在する一つの身振り、一つの象徴、独自の沈黙の言語となる。この意味で、彼は高度に夢みる人であり、愛の人である。彼と日常の世界との間には深い断絶がある。彼は語ろうとするが言葉をもたぬ。かくして彼の沈黙の身振りは断絶の彼岸からする愛の絶望的な呼びかけである。（「道化雑感」）

「彼は語ろうとするが言葉をもたぬ。かくして彼の沈黙の身振りは断絶の彼岸からする愛の絶望的な呼びかけである」、死者は語ろうとするが言葉をもたない、死者の沈黙、そして身振りは、断絶の彼岸からする、愛の絶望的な呼びかけである、と。このとおりです。「愛の絶望的な呼びかけ」とは、全存在を賭した祈りです。生者がそうであるように、死者もまた、生者への呼応にその全身を賭けるのである、と越知さんは言うのです。死者と真摯な関係を積み上げなければ、こうした文章を書くことはできません。

また、沈黙のなかに言葉を読む、というのも、とても重要なことです。むずかしいことではありません。むしろ、私たちは意識せずとも日々経験しています。もうあの人は何も言わない、でもそこに、深い信頼も愛も、絶対的な支持も感じたりする。それは生者だって、死者だって、同じです。生者が死者の沈黙のコトバを読みとることができるように、死者はいつも、生者の沈黙の声、魂の告白に耳を傾けています。

いま読んだ越知さんの最後の文章には、「死者」という表現が一度も出てこない。でも、死者が語られていることは十分にわかります。芸術のなかには、こういうかたちで死者との交わりが隠れていることが、いっぱいあります。

「彼は語ろうとするが言葉をもたぬ。かくして彼の沈黙の身振りは断絶の彼岸からする愛の絶望的な呼びかけである」、こうした落ち着いた表現を経ながら、死者の実在を語っている文章は、まだいくつも歴史に埋もれているはずです。コトバは、皆さんに見つけてもらうのを待っています。そうした経験と共に皆さんの死者の経験がいっそう深まることを心から願っています。

本日はご静聴いただきどうもありがとうございました。

品切れ中の参考文献（入手可能な参考文献は次章に掲げた）
宗左近『私の死生観』（新潮選書）
宗左近『宮澤賢治の謎』（新潮選書）

＊本篇は二〇一二年六月三十日に、神田神保町のサロンド冨山房フォリオで行なわれた講演「魂にふれる―死者がひらく、生者の生き方―」を加筆補正したものである。

「死者論」を読む

ブックリスト43

＊このブックリストと紹介は、二〇一二年六月二十三日から一カ月間、紀伊國屋書店新宿本店で行なわれた「じんぶんや」第八十一講「魂にふれる　死者がひらく、生者の生き方」の一覧を増補したものである。

死者は抽象的な概念ではない。実在である。ここでの死者とは、私たちのなかにある、亡くなった人々の思い出ではない。その人々は、「死」の後も臨在する不可視な隣人である。もっとも確実なことは人間が死ぬことであるとされている。だが、確かなのは、死を経験した者は、この世には一人たりとも存在しないことではないだろうか。むしろ、私たちにとって概念に留まっているのは、「死」の方ではないだろうか。死後の世界をかいま見たという者がいたとしても、その人物はそこで暮らしたことはないのである。『魂にふれる　大震災と、生きている死者』という本を書くとき、けっしてすまいと心に決めたのは、死者を概念として論じることである。

死者とは何かについて、さまざまな概念を提起し、可能性を論じることもできる。だが、私たちにいま必要なのは、そうした論議の先に作り上げられる観念や仮説ではない。なぜなら私たちは、観念を生きたり、仮説と交わることはできないからである。

私にとって、死者論とは、生者がいかに死者と共に生きるか、あるいは生きているかを問うことである。生者との関係を欠いた死者論は、私にはやはり概念に過ぎないように思われる。

静かに考えていただきたい。これまでの人生で、死者の存在を感じたことはないだろうか。その存在がはっきりと感じられないからといって、存在しないことにしてはならない。最近父を亡くしたが、彼が内に、どれだけ深い慈愛を秘めていたかは、彼が元気なうちは容易に分からなかった。それを知ったのは、肉体の自由を奪われ、言葉も思うように出なくなった彼の姿を凝視していたときである。私がそれを認識し得るかどうかは、それが実在するか否かとは関係がない。また、死者となった彼は、いっそう強く私を思っているのを感じる。

死者はさまざまな瞬間に自らを顕わす。私たちがある言葉を読んだとき、ある光景を見たとき、芸術にふれたとき、ひとり沈黙の中に身をおいたときなどである。死者の来訪は、喜びだけでなく、悲しみを通じていっそう深く経験されることもある。また、死者は突然、私たちの日常に介入することもある。生者を守護することは、死者に託された神聖なる義務である。

死者を経験することは、けっして困難ではない。むしろ、現代に生きるわれわれにとって難しいのは、自らの経験を信じることではないだろうか。

今回、四十三冊の本を選ぶにあたって、留意した点がいくつかある。一点目は、日本語で書かれた文献であること。二点目は、拙著『魂にふれる　大震災と、生きている死者』を執筆したときから現在まで、筆者の傍らを離れなかった著作であること。三点目は、著者が「死者」であること（筆者の著作を除く）。すなわち、その作品を手にすることで、読者が死者である著者との対話を経験するようになること。そして現在（二〇一二年六月）、品切れ、絶版ではなく、入手可能な書物であること、である。

ブックリストを作成するにあたって、読んできた死者論の多くを入手することが、難しくなっていることに驚いた。

1 越知保夫『小林秀雄　越知保夫全作品』（慶應義塾大学出版会）

越知保夫は、近代日本の批評家のなかで、死者をもっとも直接的、かつ積極的に論じた人物である。彼にとって死者は、形而上的実在であると共に、生者の信頼すべき隣人でもある。越知は、平野謙、中村光夫、山本健吉など同時代の批評家から認められつつも、一九六一年、一冊の本も著さないまま、四十九歳で亡くなった。没後二年、有志によって編まれた遺稿集は、遠藤周作、島尾敏雄などの新しい読者を獲得した。この本は、しばらく表舞台から姿が消える時期があっても、これまでに不死鳥のごとく、幾たびもよみがえってきた。本書には、彼の全作品が収録されている。「全集」とはいえ分量からみれば一巻本に過ぎないが、この本はおそらく歳月を超えて残る一冊である。

「小林秀雄論」は、数多ある小林論のなかでも秀逸である。越知は、小林秀雄が『感想』や『近代絵画』で死者を語る以前に、小林の根本問題に死者論があることを指摘している。また、越知は、小林が『近代絵画』でリルケを語る前に、この二人が共鳴する精神であることを指摘している。小林とリルケの間に横たわる接点こそ、死者論だといってよい。死者論の本格的展開は、「ガブリエル・マルセルの講演」「道化雑感」「好色と花」の諸篇において試みられている。

2　小林秀雄『小林秀雄全作品22　近代絵画』（新潮社）

『近代絵画』を高く評価した越知保夫と中村光夫が、ともに優れた小林秀雄論を残しているのは偶然ではない。この作品で小林は、死者である画家たちとの「対話」によって、実在界、すなわち死者の世界へ参入しようとする。この作品は、『本居宣長』に並ぶ小林秀雄の主著である。

その最終章「ピカソ」において、死者論が展開される。ピカソは親友を失い、以後「青」を主調として次々に作品を描く。この時期は、のちに「青の時代」と呼ばれる。

「青は冥府の色である」、そう言ったのはピカソの絵を見たユングだが、その言葉を引く小林秀雄もまた、ピカソの絵の彼方に死者を見ている。「蛍」の経験が語られるベルクソン論、『感想』の執筆が始まったのは、この作品の連載が終わって間もなくである。

3　小林秀雄『小林秀雄全作品　別巻1・2』（新潮社）

この本には『感想』と、「正宗白鳥の作について」が収められている。『感想』はベルクソン論であり、彼はそれを、亡くなった母親の臨在から語り始めた。この作品の主題にふれ、小林は、「それは、以後、私の書いたものの、少くとも努力して書いた凡《すべ》てのものの、私が露《あらわ》には扱う力のなかった真のテーマと言ってもよい」と書いている。「それ」とは、死者である母親の臨在であり、「真のテーマ」とは死者論である。

ベルクソン論で小林が長く論じたのは時間である。時計に表示される「時間」とは別な、「時」と呼ぶべき永遠の流れがある。それを別な視座から見るとき、小林は「歴史」と呼ぶ。小林にとって歴史を眺めるとは、死者を今に蘇らせることであり、彼らと向き合うことだった。彼にとって書くとは、死者の体験を世界に刻みこみ、後世に伝えることだった。

歴史を論じながら小林がしばしば「悲しみ」を言うのは、そこに死者の到来を感じているからである。「悲しみ」とは死者の訪れの合図であるという認識は、小林の歴史感覚の根幹をなしている。

「悲しい」と書くとき、そこに彼は死者を感じている。小林にとって「悲しみ」は、いわゆる感傷ともっとも縁遠い、一つの切実な、また、個別の経験を意味する。人は悲しみに支えられて生きている、とは、小林秀雄の信仰にも似た確信だったと思われる。

「正宗白鳥の作について」は、小林の絶筆である。そこで最後に、小林はユングを論じた。精神分析家とは、人間精神の解析を行なう者であるより、むしろ冥府からの来訪者、すなわち死者の声を聴きとる者でなくてはならない、とユングは考えた。『近代絵画』『感想』『本居宣長』を通じて、小林はしばしばユングにふれている。もし、その先が書き継がれることがあれば、私たちは『近代絵画』の「ピカソ」論の帰結の、さらなる展開を読むことになっただろう。

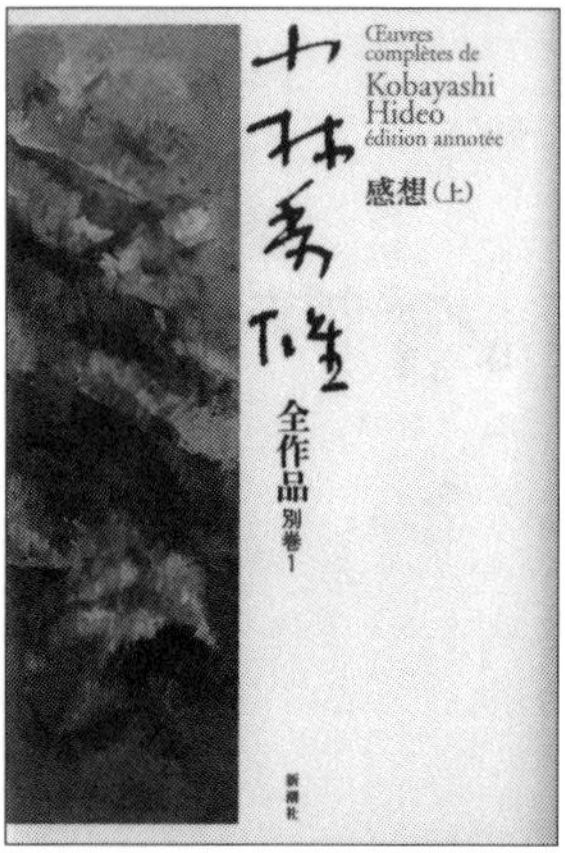

4 ライナー・マリーア・リルケ『マルテ・ラウリス・ブリッゲの手記』塚越敏訳（未知谷）
R・M・リルケ『マルテの手記』大山定一訳（新潮文庫）

5 リルケ『ドゥイノの悲歌』手塚富雄訳（岩波文庫）

詩人とは、死者の思いを言葉にする者の謂《い》いである、とはリルケの動かない信念だった。あるいは、死者の言葉を無私の精神によって表現する者は、詩を書かずとも「詩人」の魂を生きている、といえるのかもしれない。

なぜなら、私たちは、「詩」を書かない無垢なる魂から発せられる何気ない言葉にも、詩を読んだときのような衝撃を覚えるからである。

生の深みを覗くとは、死者に支えられている日常を「見る」ことである。そうした人間の魂の遍歴を、小説で表現したのが『マルテの手記』であり、美しいまでの死者への献身の記録が『ドゥイノの悲歌』である。

6 ポール・ヴァレリー『ムッシュー・テスト』清水徹訳（岩波文庫）

晩年リルケは、ヴァレリーと交流を深めた。彼はヴァレリーの詩をドイツ語に翻訳もしている。二人の接点を論じることは、ゲーテに象徴される近代ヨーロッパにおける異教精神とは何かを考えることになる。

近代になると、ヨーロッパでは哲学、文学だけでなく、キリスト教すら生者の倫理の色を濃厚に帯び、死者を語らなくなる。リルケやヴァレリーに代表されるのは、そうした平板化した世界への、苛烈なまでの異議申し立てであった。リルケは、「キリスト」が人間を「神」から遠ざける、とまで言った。ここでの「キリスト」はナザレのイエスではない。宗派によって作られた虚像としての救世主である「キリスト」である。

「神なき神秘家」、とヴァレリーを呼んだのは、作家キャサリン・マンスフィールドである。ヴァレリーはこの表現を好んだと伝えられる。近代のいう造られた神は、すでに真実の「神」を表現していない。この逆説を生きることが、現代の神秘家に託された役割である。ここでの「神秘家」とは、神秘説をとなえる神秘主義者ではない。むしろ、実在の飽くなき探究者だといってよい。この本には、神秘家の日常が生き生きと描かれている。この作品は、ヴァレリーの精神的告白の書である。彼は日記を書く代わりに、この作品を残した。

この作品では、直接死者は語られない。死者の実在は、あまりに当然の事実だったからである。「無名のひと、おのれを出し惜しむひと、告白することなく死んでゆくひと」と主人公テストが言うのは、私たちのそばにいる寡黙な市民ばかりを指すのではない。沈黙とは、死者の力強い言葉である。それを念頭にこの作品を読むとき、読者もまた、ヴァレリーが見ていた「神秘」なる光景を目撃することになるだろう。

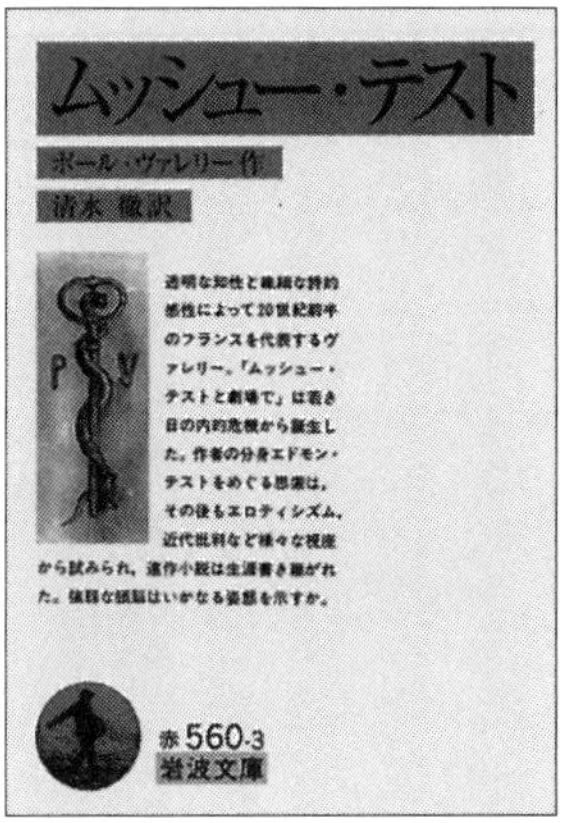

7　アラン『幸福論』神谷幹夫訳（岩波文庫）

『幸福論』宗左近訳（文元社）

8　アラン『プラトンに関する十一章』森進一訳（ちくま文庫）

9　デカルト『方法序説』谷川多佳子訳（岩波文庫）

アランはヴァレリーと同時代者であり、互いに敬意を持ちながら、ある距離を保ち続けた。二人は表現の形式も、生き方も異なるから、一見相容れないように思われる。アランは高校（リセ）の一教師だが、ヴァレリーはフランス思想界ばかりか、時代精神を背負うような境涯に華々しく生きた。しかし、同時代にヴァレリーをもっともよく理解し得たのは、アランではなかったか。逆もまた、言えるだろう。アランは無数のプロポ（断章）を書いた。ヴァレリーは叡知の言葉を「カイエ（ノート）」に書きこんだ。また、二人に共通しているのは、共に「カルテジアン」と呼んでさしつかえないほどに、デカルトを深く敬愛していたこと、そして、死者に対する姿勢である。

「死者たちは死んではいない。このことは、われわれが生きていることから、じゅうぶん明らかである」と、アランは『幸福論』に言い、プラトン論では、死者であるソクラテスの饒舌に、しばしばプラトンは困惑したのではないかと書き、プラトンの対話篇が、死者との「対話」から生まれたことを示唆している。デカルトもまた、流布しているような二元論者ではないことを、アラン、ヴァレリーの言葉が裏打ちしている。デカルトは魂にふれた稀有な哲学者である。彼は肉体と魂の分離を説いたのではない。肉体が滅んでも、魂は決して滅することがないことを明示しただけである。

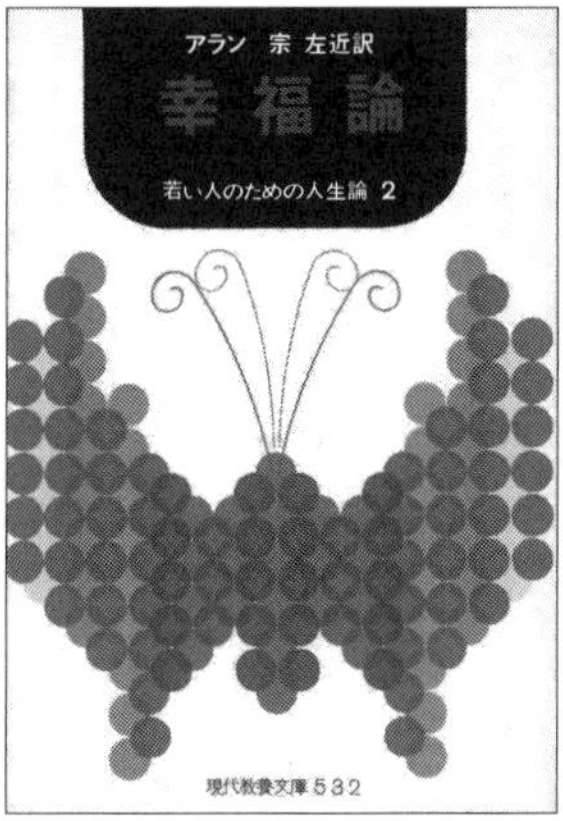

（文元社版のもとになった社会思想社版）

10 アントン・チェーホフ『かもめ』神西清訳（新潮文庫）
アントン・チェーホフ『かもめ』浦雅春訳（岩波文庫）

越知保夫は『かもめ』を愛読した。彼はある作品で、『かもめ』を舞台で見た作家ジュリアン・グリーンが、強烈な死者の国のヴィジョンに見舞われる光景にふれている。『かもめ』には、二つの「時」が流れている。生者が過ごす「時間」と、死者たちが生きる、過ぎゆかない「時」である。チェーホフもまた、「神なき神秘家」と呼ぶにふさわしい人物だった。彼は「神」を語らない。しかし、「世界に遍在する一つの霊魂」（『かもめ』）を信じていた。人間もまた、その霊魂の一部である。霊魂が存在するなら、肉体の終わりは、何かの終わりではなく始まりになるだろう。『かもめ』を流れる「時」は、死が、新生の異名であることを示唆している。

神西清《じんざいきよし》のチェーホフは名訳として知られているが、浦雅春の新訳もよい。先訳を継承しながら、現代により適する言葉を産み出すことに成功している。

11 若松英輔『神秘の夜の旅』（トランスビュー）

題名には書かれていないが、本書は、越知保夫の評伝と、彼が提示したなかでもっとも重要だと思われる四つの鍵言語《キーターム》（「実在」、「死者」、「聖者」、「異端」）を、井筒俊彦、チェーホフとガブリエル・マルセル、小林秀雄、須賀敦子らとの、共時的対話のなかに読み解こうとした作品である。

本書において死者論は、部分であるより、全体の基調となっている。それは批評家越知保夫の主題でもあったが、これを書くあいだ、作者（私）がいつも越知保夫を横に感じながら書いたためでもある。

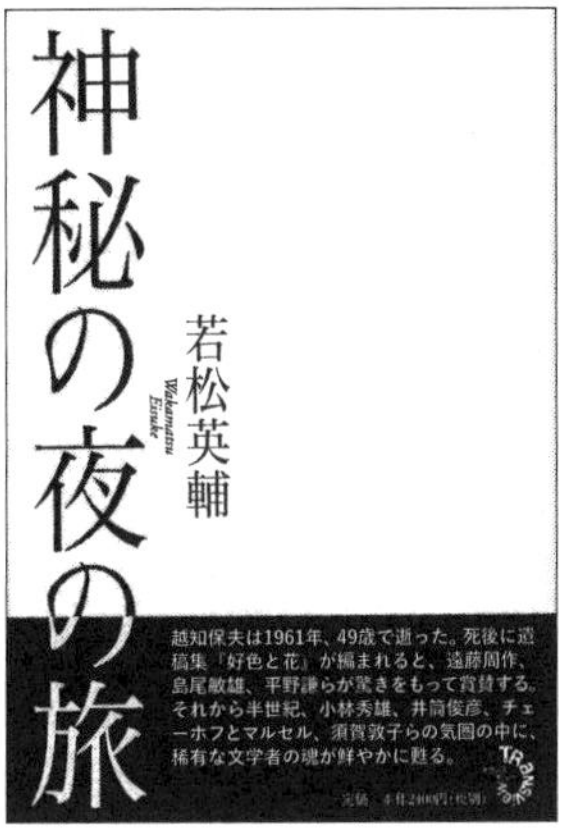

文学に限らない、芸術とは本来的に死者たちとの協同である。その事実を経験させてくれた一冊だった。刊行は『井筒俊彦――叡知の哲学』の後になったが、この一冊こそ、批評家としての私の原点である。今も私は、越知保夫に「読まれる」ことを強く意識しながら作品を書いている。

12　池田晶子『事象そのものへ！』（トランスビュー）
13　池田晶子『あたりまえなことばかり』（トランスビュー）

『事象そのものへ！』は実質的な処女作であり、『あたりまえなことばかり』は彼女の主著である。それぞれの著作から一節を引く。

私たちは言ってきたではないか。「あの人は死んだけれども、私のこころのなかで、いつまでも生きている」と。素直に、あるいは、最後に手に入れた結晶のような想いとして。そして、すでにない人に向けて、ことばを紡ぎ続けるではないか。（『事象そのものへ！』）

ここに池田晶子の哲学の秘密があり、私たちがいまも、彼女と言葉を交わし得ていることの根拠がある。『あたりまえなことばかり』からも一節。

死の床にある人、絶望の底にある人を救うことができるのは、医療ではなくて言葉である。宗教でもなくて、言葉である。

「死者と交通するのも言葉である」、そう付け加えても、池田は拒んだりはしないだろう。ここでの「言葉」が単なる言語ではないことは、この一節が響かせている律動が伝えている通りである。

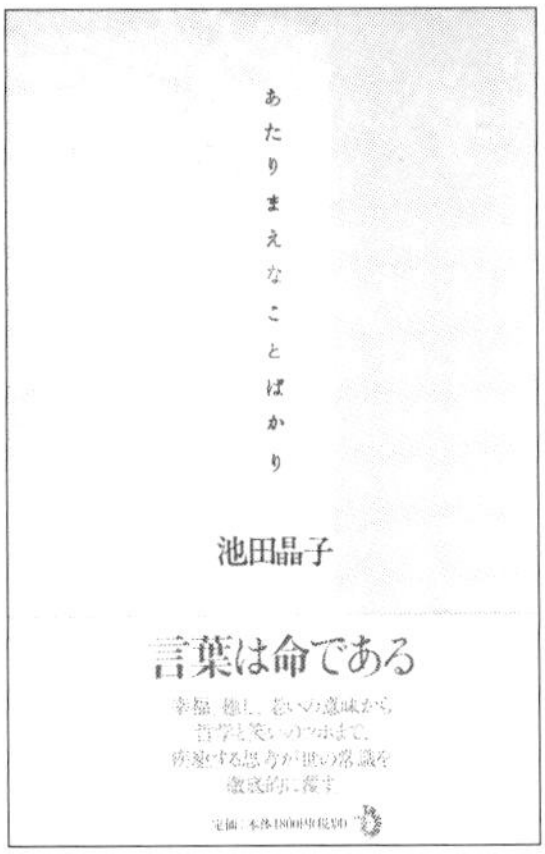

14　池田晶子『リマーク　1997－2007』（トランスビュー）

小林秀雄がランボーとの出会いをめぐって書いたように、たしかに一つの言葉との遭遇も「事件」になり得る。私にとっては以下の一節がそうだった。

死者
死体の謂ではない
生存ではない存在形式において存在する者
つまり異界の者
の思い為すこと、それが物語である
死者の思い為しを生者は生きている
死者に思われて生者は生きている
したがって、生存とはそのような物語なのであるこの祈りにも似た告白にふれるだけでも、本書を手にする価値は十分にある。だが、読者は、読み進むにつれて、この哲学者がふれた、さらなる世界の深奥を目撃することになるだろう。

読書を経験に高めようとするなら、読み手はひとたび、書き手の言葉を信じなくてはならない。批判はそののちである、そう言ったのはアランである。本書によってその実践をお勧めしたい。

15　若松英輔『魂にふれる　大震災と、生きている死者』（トランスビュー）

今でもよく覚えている。二〇一一年七月八日のことだった。電車に乗っていて、先に引いた、死者をめぐる池田晶子の『リマーク　1997-2007』の一節を読んだとき、『魂にふれる』は胚胎した。魂にコトバが宿った、と感じられる瞬間があった。

震災のあと、「死」を経験した者などいないはずなのに、文学者ばかりか、宗教者までもが「死」を語り、その一方で「死者」においては沈黙した。だが、「死者」は誰のそばにもいて、私たちは日々、それを感じているのではないだろうか。

また、悲しみが、生者と死者を結びつける媒介者であることも、愛する者との離別を経験しなくてはならなかった者には皆、経験されていることではないだろうか。

悲しみが必ずしも否定的な感情でないことは、そこにしばしば感動が伴うことからも明らかである。死者と生きるとは、二者の間に生まれた悲しみの意味を明らかにすることではないだろうか。

あとがきにも書いたが、この本を書きながらいつも感じていたのは、何者かに用いられている実感である。それが、私にとっての個人的な死者だけに限らない、もっと開かれた、未知の死者たちとの「協同」であることが実感されたのは、本が出て、ある読者が、この本を読みたいと願ったのは、震災で逝った死者たちの方ではなかったか、と評してくれたときだった。

死者は生きている。むしろ、死者が存在しなければ生者は存在しえない。自己の存在が、死者の臨在をもっとも鮮明に証している。この逆説的な現実に、死者をめぐる真実が秘められている。私たちが努めるべきは、死者の姿を探そうとすることではなく、死者の臨在を実感している自分を偽らないことである。

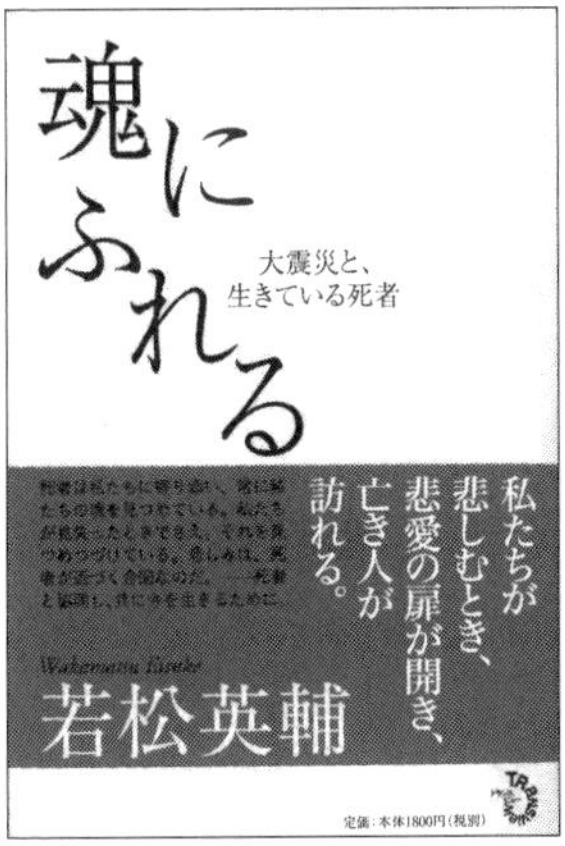

16　井筒俊彦『神秘哲学』（慶應義塾大学出版会）

本書の序文で井筒は、実父の死にふれている。父親こそ、神秘哲学者井筒俊彦の前に現われた、最初の神秘家と呼ぶべき人物だった。彼は、この本を父に向けて、というよりも父と「共に」書いている。彼がここで「実在」と呼ぶのは、死者としての人間の在り方であり、実在界とは、彼らが「生きている」境域である。

この本で彼は、ことさらに死者を語らない。なぜなら、哲学を「死の道」とも呼ぶ彼にとって、死とは滅亡ではなく新生の契機であり、それを助けることが哲学の役割だと信じられていたからである。彼はこう書いている。

感性的生命原理としての相対的自我の死滅は、ただちに超感性的生命原理としての絶対我の霊性開顕の機縁となるのである。

「絶対我の霊性開顕」を真に経験しているのは「死者」である。哲学の真実は、死者となってからの生においてこそ実感される、それは井筒俊彦の魂を横切った大いなる予感だった。

死者が存在し得ないなら、「死の道」である哲学は存在意義を失う。それが全編を貫く主調になっている。

17　井筒俊彦『意識と本質――精神的東洋を索めて』（岩波文庫）

18　井筒俊彦『読むと書く　井筒俊彦エッセイ集』（慶應義塾大学出版会）

『意識と本質』は井筒俊彦の主著である。この本に「死者」という術語は出てこない。だが、井筒にとって哲学の始点は死者と語り合うことにあり、省察はいつもその対話の先にあった。論文としての「意識と本質」の副題には「東洋哲学の共時的構造化のために」と記されている。井筒にとって「東洋」とは、地理的な場所を示す以前に、『神秘哲学』で語った「実在」の世界、「実在界」の異名である。そこには天使や精霊、あるいは菩薩らと共に死者がいる。「共時的」とは、時空の制限を超え、現在において死者と直接語り合うことを意味した。「構造化」とは、その軌跡に論理の肉体を与えることである。

もっと明瞭な、生々しい彼の死者との対話をかいま見たい読者には、『読むと書く』にある、親友池田彌三郎への追悼文「幻影の人」をおすすめしたい。彼はそこで、臆することなく死者の来訪を語っている。

「死者論」を読む

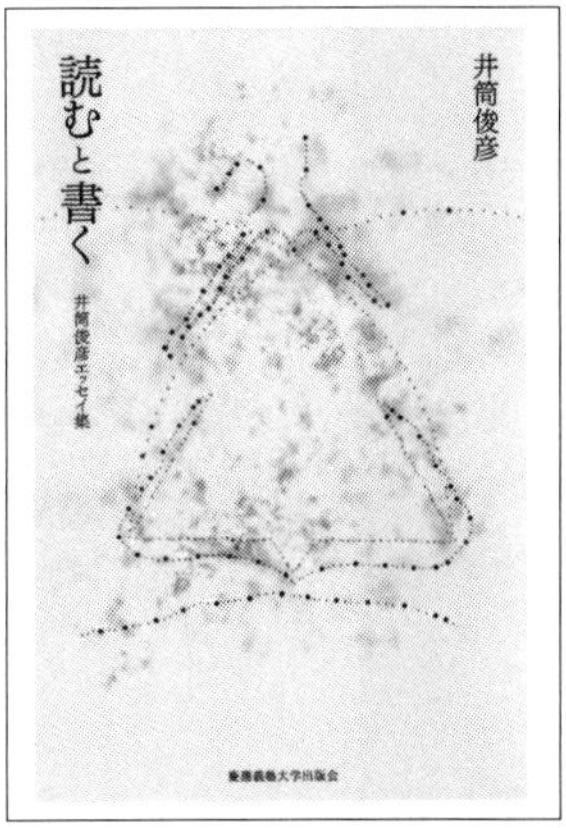

19　若松英輔『井筒俊彦――叡知の哲学』（慶應義塾大学出版会）

本書を書きながら、いつも傍らに感じていたのは幾人かの死者たちである。そこには近親者のほかに越知保夫と井筒俊彦も含まれる。また、私はそこで何人もの「未知の死者」に出会ったように思う。彼らが語りかけてくれなければ、この一冊が生まれてくることはなかった。「彼ら」とは、小辻節三、上田光雄、除村吉太郎《よけむらよしたろう》、ルイ・マシニョン、アンリ・マスペロなど、井筒が深く影響を受けた人々である。この本は、次の一節で終わっている。

ここには、哲学は、死者を救い得るかという実存的な問題が横たわっているのである。

この言葉を最初に読んだときのことは、今でも鮮明に覚えている。奇妙に聞こえるかもしれないが、そのとき、私は書き手であるより、すでに最初の読み手だった。死者たちの声をはっきりと「見た」だけでなく、この本を通じて自分が何を書いてきたのか、また、これから何を書いていくのかを知らされた。

作品は生まれるべきときにしか生まれ得ない、至極当然のことだが、それは、「時」を逃せば書くことはできない、ということも暗示している。なぜなら、時機を決めるのは筆者だけでなく、死者たちと共に、だからである。

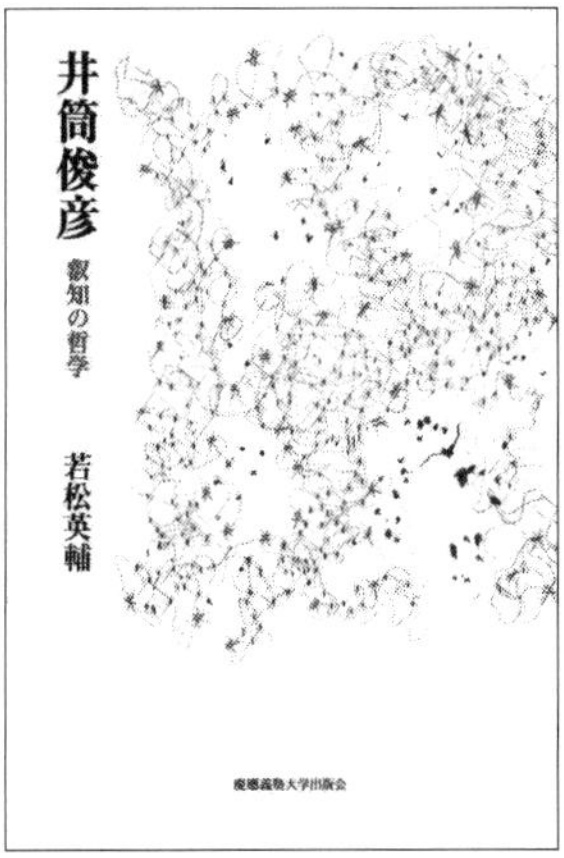

20 内村鑑三『後世への最大遺物・デンマルクの話』（岩波文庫）
（内村鑑三『基督信徒のなぐさめ』岩波文庫、品切れ）
21 若松英輔『内村鑑三をよむ』（岩波ブックレット）

いつか「死者の形而上学」を書くことができればと念じている。思索は生者のみでは完成せず、いつも死者の助力を必要としており、死者はつねにそこに参与している、そうした実相に言葉の肉体を与え得ることを願っている。

そのとき、近代日本を代表する死者論者として忘れてはならないのは内村鑑三である。死者の実在を実感することがなければ、内村は宗教者として生きることはなかっただろう。彼の信仰は、常に来世と死者にむかって開かれている。

『基督信徒のなぐさめ』は、彼の最初の著作である。その第一章は「愛せし者を失せしとき」と題されている。有名な不敬事件のあと、内村は事件の渦中にあって彼を支え続けた妻を喪う。この本は、死者となった彼女との「協同」の果実であるだけでなく、信仰者内村を生んだ。

彼の著作の中で、もっともよく読まれたのは、講演録『後世への最大遺物』である。内村のいう「後世」とは、生者である私たちが死者となって参与する世界である。それは、現在もまた、死者たちに支えられていることを示している。この本をゆっくり読むと、彼にとって生きるとは、死者たちによって開示された道を歩くことであり、また、死者となってもなお、人は道を開き続けることが感じられてくるだろう。

だが、不思議なことに数多ある内村鑑三論で、死者論を基軸にした作品はほとんどない。『内村鑑三をよむ』ではそのことにふれた。この本は、来たるべき「死者の形而上学」の序章ともいうべきものである。内村は、来世の実在を明言しない宗教はにせものだと明言しているが、彼にとっての「来世」は、死者の実在あるいは死者からの呼びかけと同義だった。

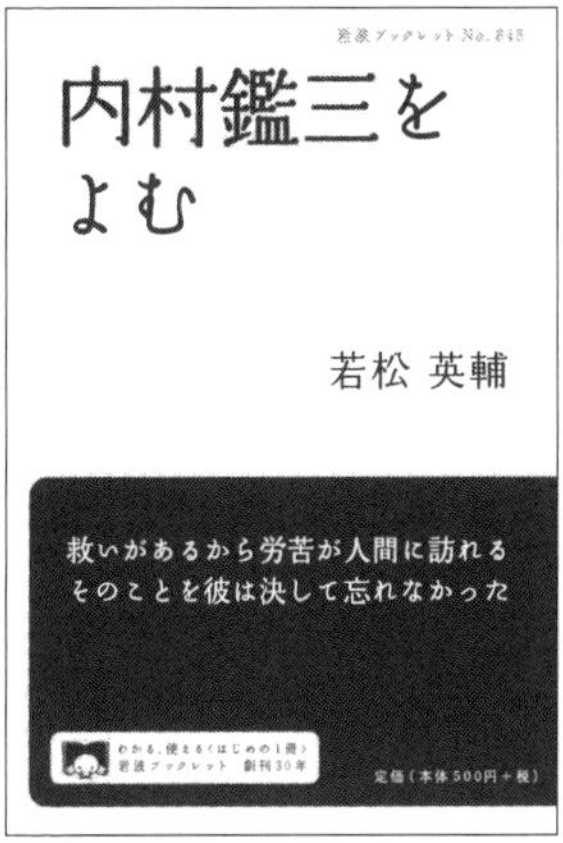

内村鑑三の神学は、悲しみの神学である。悲しみは避けがたい、しかし、悲しみはいつもその彼方に、私たちを照らす光をたずさえている。それが彼のいつわりなき経験であり、生涯を賭して伝えようとした真実だったのである。

22 小林秀雄『モオツァルト・無常という事』（新潮文庫）

内村鑑三の軌跡を「悲しみの神学」と呼ぶなら、小林秀雄の文学は「悲しみの詩学」である。「詩学」とは、小林自身が初期のランボー論で用いた、文学の彼方を意味する表現だった。小林は絶筆で内村鑑三を論じている。

死者をめぐって悲しみを経験した人間は、悲しみの到来は忌むべきことではなく、むしろ恩寵であることを知っている。また悲しみは、感傷とまったく質を異にすること、そして、それが愁いと呼ばれるものとも違うことを知っている。小林秀雄の「モオツァルト」は、母親の死を経験した彼が、自己の「悲しみ」の経験を昇華させた作品である。次の一節は、血の涙を経験した者でなくては書くことができない。

「モオツァルトのかなしさは疾走する。涙は追いつけない」、ここでの「モオツァルト」とは小林自身であり、また、それを読む私たちでもある。

「無常という事」に代表される日本古典論でも、死者は静かに語られている。「実朝」には、こう記されている。

ここで、僕等は、因果の世界から意味の世界に飛び移る。詩人が生きていたのも、今も尚《なお》生きているのも、そういう世界の中である。

詩人の使命とは、「意味の世界」の存在を明らかにすることだ、と小林はいう。「意味の世界」と小林が呼ぶのは、死者の国であるより、生者が死者と出会う、この世の深奥である。ここに一切の比喩はない。「今も尚生きているのも」、との一節から明らかなように、ここには自分は実朝に会った、読者はそれを信じてくれるだろうか、という小林の問いかけがある。

他界でなくても、「因果の世界」の彼方で、私たちはいつも死者と交わることができる。それは奇異なことではなく、私たちの実感の忠実な描写ではないだろうか。

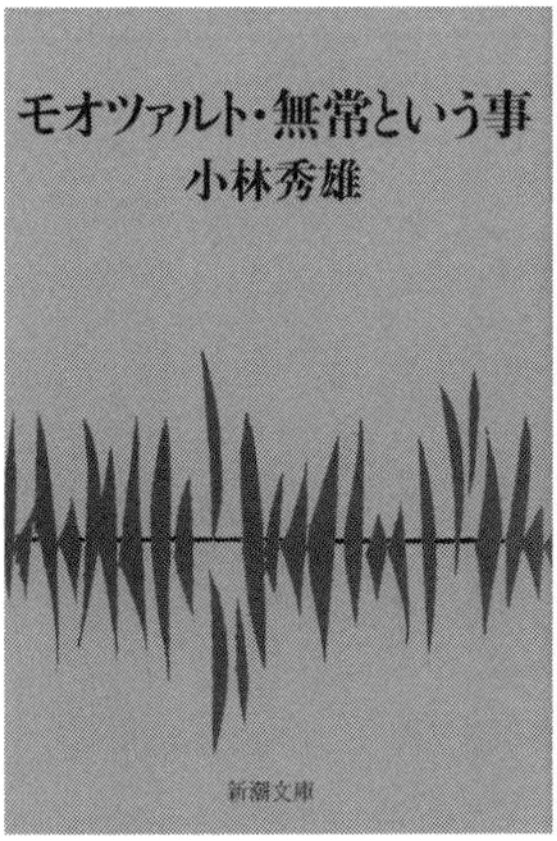

23　鈴木大拙『仏教の大意』（法蔵館）
24　鈴木大拙『日本的霊性』（岩波文庫）

『日本的霊性』はおそらく、鈴木大拙《すずきだいせつ》の著作の中で、もっともよく読まれているものだろう。彼がこの本を書いたのは一九四四年、第二次大戦の末期である。次々と戦地に行く人々を前に彼は、人間の肉体が滅んでもなお残るもの、また、人間の生きる意味の根柢をささえる実在とは何かを問い、この著作を書いた。今日でもこの本は、「霊性」とは何かを語るときに、いつも立ち返るべき作品である。だが、今、この本は果たして、大拙の悲願をすくいあげるように読まれているだろうか。

彼はここで、「死」は終焉を意味するのではなく、むしろ新生を指すことを、浄土仏教の「往相《おうそう》」、「還相《げんそう》」をめぐって幾度となく論じている。「往還二相」のうち、「往相」は生者の道だが、「還相」は死者となった者の道程である。

「霊性」とは、「霊」という実在の在り方と働きである。「霊」の論議を欠いた「霊性」論は、観念の遊びに過ぎない。ここでの「霊」とは、存在の基盤であり、その根源につながる実在である。皮相な論義にみられるような、浮遊する「霊魂」ではない。

魂が肉体を包むように、霊が魂を包む。死とは肉体の制限を超えて、魂が霊化することにほかならない。霊性とは、魂が霊となることを求めることであり、霊が、自らを生んだ「大霊」とも呼ぶべき超越者を求める衝動であり本能である。ここでの「大霊」は、先にチェーホフの『かもめ』でふれた、「世界に遍在する一つの霊魂」に近い。

霊性は、死者にとっても真摯な営みであり続けるのだろうが、生者には、自己に「大悲」と「大智」が内在することを実感させられる。そのことを、大拙が昭和天皇の前で講じた際の記録が、『仏教の大意』である。

『日本的霊性』は、いつもこの本と共に読まれなくてはならない。

25 『柳宗悦コレクション1〜3』(ちくま学芸文庫)

26 『民藝四十年』(岩波文庫)

大拙は自身の蔵書と研究成果を収める場所を松ヶ岡文庫《まつがおかぶんこ》と名付け、鎌倉・東慶寺内にある小高い場所に定めた。柳宗悦は鈴木大拙の後を継いで、「文庫」の責任者になるはずだった。それが実現されなかったのは、柳が大拙よりも先に逝ったためである。柳は、「民藝」の大成者だが、その本性は、大拙が認識していたように、近代日本屈指の宗教哲学者である。

学生時代、柳は大拙に学んだ。それ以後も師弟の関係は継続したが、師である大拙が弟子だった柳から学んだことも少なくない。今でも「文庫」には大拙の応接間が当時のまま残されているが、その壁面には師釈宗演《しゃくそうえん》をはじめ、彼が敬愛した人物の写真があり、そこには柳の写真もある。弟子が感じていたと同質の畏敬を、師も感じていたのである。そのことは、大拙の偉大さをいっそう証してくれる。

彼の宗教的世界観の根柢には死者がいる。死者との邂逅が、彼を宗教哲学者にしたといってもよい。柳の「民藝」に関する思想も、高次の宗教哲学的実践として読み解かれなくてはならない。歴史の灰塵《かいじん》に埋もれていた木喰仏《もくじきぶつ》を発見したのは一九二四年、柳が三十五歳のときのことである。このとき、柳は木喰の助力をはっきりと感じた。そのことを書いたのが、「木喰上人発見の縁起」である。

また、彼が妹の死にふれた「妹の死」、あるいは関東大震災に臨んで書かれた「死の悲《かなし》みに就いて」では、死者との再会を媒介するものが「悲み」であるなら、それは嘆きの出来事ではなく、むしろ恩寵であると語っている。

天界に赴き、死者たちの生活を「見た」と語ったエマニュエル・スウェーデンボリを、最初に訳した日本人は鈴木大拙である。大拙は彼の評伝も書いている。スウェーデンボリにも影響をうけ、天界の日常を謳った詩人にウィリアム・ブレイクがいる。この詩人を日本に紹介したのは柳宗悦である。精神界の師弟をめぐるこうした符合は、思想史にときおり起こる玄妙な出来事である。

27　柳田國男『柳田國男全集13　先祖の話』(ちくま文庫)

28　吉本隆明『共同幻想論』(角川ソフィア文庫)

『先祖の話』が出版されたのは戦後だが、書かれたのは今日からみれば、終戦をまじかにした、東京が空襲に襲われているときである。柳田は、この本が最後の作品になるかもしれないことを、どこかで感じながら書いていた。

彼が言う「先祖」とは死者である。戦争で無数の人間が死者となった。だが、彼らは決して無になったのではない。むしろ、別のかたちで、よりつながり深く生者の社会に参与している。この本で柳田は、日本人はそれを、誰に教わるでもなく、打ち消し難い実感として語り継ぎ、民俗として定着させてきたことを書いた。

また、彼は生者と死者の関係が樹立されるためには、宗教——とくに浄土仏教——も一定の働きをしたが、根源にあるのは宗教以前の感情であることを強調する。この指摘は今日、もう一度考えられてよい。

柳田の学問は、畢竟《ひっきょう》、死者と他界の民俗学に収斂する。このことを明示し、深化させたのが、吉本隆明の『共同幻想論』である。先人の死者論を読むとき、私はいつも、この著作の序文に記された一節を思い出す。

どうして理解するための労力と研鑽を惜むものに、衝撃を与えることなどできようか。

同質の言葉を、私たちは日々、死者の「沈黙」に感じているのではないだろうか。考えることは、書き手と読み手による協同の営為である、とは吉本の動かない信念だったと思われる。書く者は問題を提起し、読む者の「労力と研鑽」が作品を完成させる。逆ではない。このとき、書き手がすでに死者であることは、何ら協同することの妨げにならない。

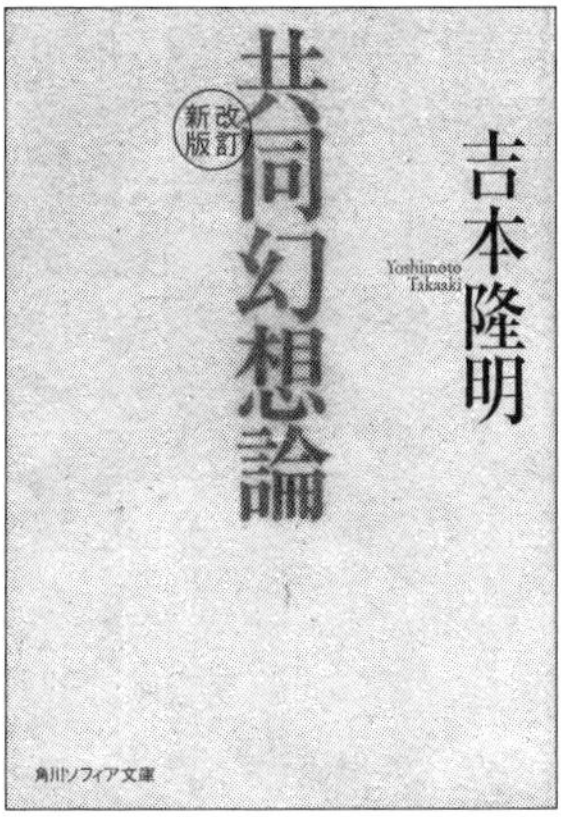

29　田辺元『死の哲学――田辺元哲学選Ⅳ』（岩波文庫）
30　『田辺元・野上弥生子往復書簡』（上・下）（岩波現代文庫）

一九五一年、田辺元《たなべはじめ》の妻ちよが亡くなる。田辺が逝くのは一九六二年である。最晩年の十余年間、彼は、ひたすら死者との「協同」を続けた。その間、彼はいくつかの論文を書くが、最後に企図していた論考は未完のまま終わっている。田辺は自作を「死の哲学」と題しているが、書かれているのはむしろ「死者の哲学」である。

死者との「協同」、と田辺元が言うとき、そこには、単に何かを共にする「共同」とは、質的に異なる営みが示されている。生者と死者が互いの実存を賭け、全身全霊の参与をもって何かを行なう、それが「協同」である。田辺は「実存協同」とも書く。田辺の文章を読む者は、生者が手と手を握り合うように、死者と生者は魂において、互いにその存在を確かめ得ることを知るだろう。

未完である田辺の「死者の哲学」において、そこで何が問われているかだけでなく、それがどう育まれていったかを考えるのは、読者に託された役割である。その軌跡を、私たちは、田辺と野上弥生子《のがみやえこ》の書簡集に見ることができる。

戦後、大戦中に徹底して非戦を訴えることをしなかったという自分の在り方を「懺悔」するとして、田辺は第一線を退き、軽井沢に隠れるように暮らした。ここでの軽井沢は避暑地ではない、冬、まったく人気のない極寒の地となる場所である。彼は最晩年に入院するまで、この地から出ることはなかったのである。

病弱だった田辺の妻にとって、軽井沢の冬はあまりに過酷だったと思われる。だが、隠遁を決めた田辺の決断の真意を、もっとも深く理解したのも彼女だった。野上は田辺夫妻の自宅近くに別荘をもっていて、毎年、夏に訪れていた。野上は田辺の妻ちよの友人だった。

ちよの没後、独り暮らしになった田辺の生活を野上が案じたところに交流が始まる。そして、田辺は野上に哲学を講じることになり、二人の文通がはじまる。ある日、野上は田辺に「あなたをなにと呼びませう／師よ／友よ／親しいひとよ。／いつそ一度に呼びませう／わたしの／あたらしい／三つの星と」、と詩を書き送る。この言葉を田辺がどう受けとったかは、文通が田辺が身の自由を奪われるまで続いたことが証している。野上との出会いがなければ、「死者の哲学」は生まれなかっただろう。田辺の老体は、厳しい環境と悲嘆に耐えられなかったに違いない。

また、田辺と野上の間を取り結んでいるのが、田辺の妻ちよであることも、二人には了解されていたと思われる。読者もまた、そのことを書簡集の行間から、はっきりと感じるだろう。

31　神谷美恵子コレクション『生きがいについて』（みすず書房）

32　野村一彦『会うことは目で愛し合うこと、会わずにいることは魂で愛し合うこと。神谷美恵子との日々』（港の人）

『生きがいについて』は神谷の主著であり、もっともよく読まれている著作である。「生きがい」という言葉を、私たちが当たり前に用いているのは、この本が書かれたからである。真に社会を変える思想は、無記名となって人々の心に入って行く。

人間が、生きがいとは何かを真剣に考えなくてはならない状況のひとつとして、神谷は、愛する人との死別を挙げている。この本では、しばしば匿名の若い女性の手記が引かれる。その一つに、恋人を失い絶望の淵を歩く告白がある。

この女性とは、神谷美恵子自身である。彼女は若き日に「恋人」を喪う。相手は野村胡堂の息子、野村一彦である。二人はいわゆる恋人ではなかった。二人きりで会ったこともないまま、病のために一彦は亡くなる。

ここに挙げた一彦の手記には、「会うという事は目でもって愛し合う事」であり、会わずにいることは「魂をもって愛し合う事」であると書かれている。

神谷にとって「生きがい」とは、亡くなった一彦をはじめとする死者との関係を回復することにほかならなかった。この著作で彼女は、「生きがい」とは何かを探究した軌跡を書こうとしたのであって、それを概念的に論じることを嫌った。しかと目撃し、体験したことだけを語った。ここに、この書物の真実があり、すでに古典となっている理由がある。

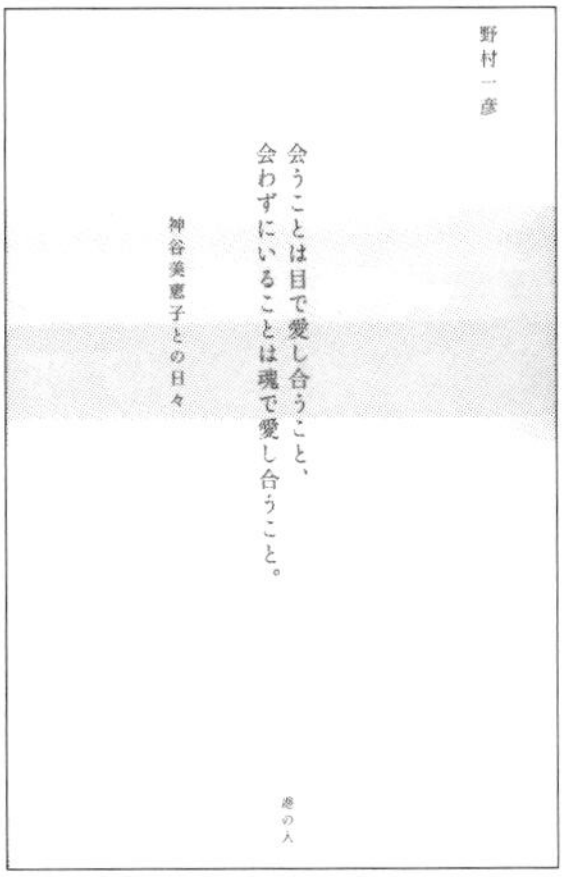

33 近藤宏一『闇を光に――ハンセン病を生きて』(みすず書房)

神谷美恵子はある時期、ハンセン病療養施設、長島愛生園で働いていた。そこで彼女は、患者たちと触れ合うなかで、「生きがい」が語られずとも体現されていることに驚愕する。先に挙げた『生きがいについて』は、そうした人々の魂の記録である。

この本の著者である近藤宏一も、若いときから最期まで、愛生園に暮らした。近藤は病で視力と指を失っている。点字をたどることもできない。だが、あるときどうしても聖書を読みたいという衝動に衝き動かされ、点字を舌で読み始める。のちに彼は、自身の行為を「舌《ぜっ》読《どく》」と呼んだ。

舌で点字を読むと、突起が唇にあたって血まみれになる。だが、近藤は止《や》めない。それは、彼にとって読むとは、彼一個のためでなく、やはり何らかの理由で文字を読むことができない「仲間」たちのためでもあったからだ。

「仲間」、と近藤が言うとき、彼の心を領していたのは、共に暮らす僚友だけではない。そこには無数の死者たちが含まれている。さらに近藤は仲間たちと楽団を立ち上げ、彼はハーモニカを演奏する。音楽はしばしば生者と死者を結びつけることも、この本は教えてくれる。

音もまた、生者と死者をつなぐ「コトバ」である。

この一冊には、ハンセン病を知らない者を瞠目させる出来事が、多く刻まれている。視力を喪ったある者は、音に色を見る。そこでは色もまた、「コトバ」に変じる。そこには、言語では伝えきれない意味や存在の深みが照らし出される。五感を超える世界をかいま見た彼らの日常は、私たちの肉眼に映し出される世界の姿は、そのほんの一部であることを教えてくれる。

だが、本書の魅力は、真摯に生きられた記録の質にだけあるのではない。読者は文章を読み始めるとすぐ、近藤が稀代の文章家であることにも気づかされるはずである。美しい文章は、ふれる者に静かな希望を与えてくれる。文学の秘儀である。

34　白川静『初期万葉集論』（中公文庫ＢＩＢＬＩＯ）

35　白川静『漢字』（岩波新書）

『初期万葉集論』で白川は、恋を歌う相聞歌の起源は挽歌にある、と記している。愛する人を喪った、死者に向けられた慟哭が、いつしか「歌」となり、人間のなかに愛と呼ぶべき感情を生んだというのである。

ここで白川が「歌」という文字で表現しているのは、私たちが今日見る和歌や詩に限らない。むしろ呻きである。この優れた論考は、どんな形であれ人が悲しみを吐露するとき、そこには無形の「詩」が生まれていることを教えてくれる。

生者が死者と交通するとき、そこには整った論理も言語もない。むしろ二者のあいだにあるのは、未定型の感情であり、祈りであることは、私たちが日々経験していることではないだろうか。古代の人々は、そうしたいつわらない魂の営みこそが、人を根柢から生かすものであることを知っていた。

魂の動きは見えず、ふれることもできない。不可視な実在、それを世界に定着させることこそが「文字」の働きである、と白川は言う。

「定着」と書くとき、白川は、死者に向けられた先人たちの畏敬を感じ取っている。ほとんど手がかりのない文様に、彼がなぜ意味を見出し得たのか。彼が『漢字』で私たちに見せる文字解読の道程は、その学問的研鑽の記録であると共に、彼が行なった未知の死者たちとの対話の記録にほかならない。

36　須賀敦子全集1『ミラノ　霧の風景』『コルシア書店の仲間たち』（河出文庫）

37　須賀敦子全集2『ヴェネツィアの宿』『トリエステの坂道』（河出文庫）

須賀敦子の作品はすべて、若くして逝った夫ペッピーノへの応答である。彼女の読者であれば、これに大きな異論をとなえる者はいないと思う。だが、文学者たちが彼女の作品を論じながら、そこに死者との交わりをほとんど指摘しないのは、かえって奇妙な現象でもある。生者が実在するように、死者もまた実在する。ただ、暮らす世界を別にするだけである。生者と死者をつなぐのは言葉であるよりも、その彼方にある沈黙であり、祈りである。ここでの祈りとは、何かを願うことではない。むしろ、超越者の声を聞くことである。

「霧」、と須賀が書く、それは生者と死者の世界の境界を意味する。『ミラノ　霧の風景』を書く彼女にとって、「ミラノ」は、他界である「霧」の彼方にもっとも近い場所だった。『コルシア書店の仲間たち』は、死者になろうとする友人への呼びかけからはじまり、彼の死で終わっている。『ヴェネツィアの宿』は、有名無名の死者たちの面影にあふれており、『トリエステの坂道』は、死者と日常を生きた彼女の魂の記録である。

須賀敦子全集
第1巻
河出文庫

須賀敦子全集
第2巻
河出文庫

38 川端康成『水晶幻想／禽獣』（講談社文芸文庫）

39 『川端康成と東山魁夷――響きあう美の世界』（求龍堂）

イタリアに近代日本文学が紹介されたのは、須賀敦子による翻訳の功績が大きい。須賀は川端康成の『山の音』も訳していて、また小さな川端論も書いている。二人は実際に会ってもいる。

近代日本文学、ことに小説における死者論を考えるとき、まず論じるべきは、川端康成である。なかでも死者と生者の交わりを描いたもっとも優れた作品の一つが、この書に収められている「抒情歌」である。「抒情歌」だけでなく、「十六歳の日記」をはじめ、初期の川端の作品では、死者論が作品の強いモチーフになっている。だが川端自身も深く愛したというだけあって、「抒情歌」から響いてくる死者の臨在は、ほかの作品にはない現実味がある。

この作品の主人公の悲哀は、死者を感じられないことにあるのではない。むしろ、その存在をあまりにはっきりと感じてしまうところにある。彼女は、自分を捨てた愛する人を忘れえないことを哀しむ。

しかし、彼女の悲哀は、死者を見失った読者たちには、比類なき慰めとなる。彼女の哀しみを信じられる読者にはもう、死者の実在を疑うことはできないからである。私たちはここに、死者論をめぐる文学がもつ大きな可能性を見る。

晩年、川端は東山魁夷《ひがしやまかいい》と交流を深めた。『川端康成と東山魁夷――響きあう美の世界』には、二人の書簡をはじめ、互いのことを書いたエッセイも収められている。次の川端の一節には、彼が魁夷の絵に何を見ていたかが、はっきりと語られている。

> もっとも高い芸術はすべてそのように人の魂の底にしみて、霊を目ざめさせるものでなければならぬだろう。

ここでの「霊」とは、先に大拙が『日本的霊性』を通じて描き出した「霊」である。魁夷の風景には人が描かれることは少ない。だがそこには、私たちにとっての不可視な隣人、すなわち死者たちが「描かれている」ことを、川端はけっして見逃さなかった。

40　遠藤周作『深い河』（講談社文庫）

この作品で描かれているのは、生者と死者による、さまざまな沈黙の交わりである。生者は死者の姿を探す。死者は探すことをやめろと、無音の「コトバ」をもって促す。なぜなら、死者の姿は見るものであるよりも、ふれるものであり、その声は聞くものであるよりも、感じる何かであるからだ。

さらに、この作品では、彼が信じたカトリックにおける「復活」とは、死を経て、死者として新生することであることが、またキリストは、生者だけでなく死者たちにも、超越者でありつづけていることが暗示されている。

はじめてこの小説を読んだのは、二十五歳になろうとしていたときである。理由は覚えていないが、この本が出るとまもなく、のちに妻となる女性にこの本を手渡した。彼女と交際するようになったのはそれから数カ月後のことで、結婚したのは翌年である。二〇一〇年、彼女は十年の闘病を経て亡くなった。

この作品の第一章には、がんに罹患し、やがて「死者」となった妻を探す男が登場する。私の妻の病も同じだった。私は彼女の死後、小説中の男のように「死者」となった彼女を探した。

ある日、妻の遺品を整理していてこの本を見つけた。最初の数ページの記述を読んだときのことは、今も鮮烈に記憶している。暗闇にあった私が、どんなときも変わらず魂を照らす、細く長い光を見出したのは、あのときだったのかもしれない。この作家にとって「死」を語るとは、死者を語ることと不可分だったことが、はっきりと思い出されたからである。そして、生者が死者の姿を見失ったと感じたとしても、死者のまなざしが、生者の魂から決して離れないことを感じたのである。

41 『舟越保武全随筆集　巨岩と花びら　ほか』（求龍堂）

遠藤周作とも交流があり、信仰を同じくした彫刻家、舟越保武《ふなこしやすたけ》のエッセイ集である。遠藤は舟越の彫刻にふれ、「純粋なものがまさに聖なるものに転化する微妙な、神秘的な何か」（「聖なるもの」）を発していると書いた。

この本で舟越は、自身の創作の秘密が、死者たちとの交わりにあることにふれている。島原の乱で戦った無名の兵士を刻んだ「原《はる》の城」は、彼の代表作の一つである。彼はこの等身大といってよい大作を完成させると、背面に「寛永十五年如月二十八日の城本丸にて歿」と刻んだ。

もちろん、そんな記録はどこにもない。だが、彼にはそう記すほかない、打ち消しがたい経験があった。作品は、死者を経験した彼の真摯な告白である。彼が、島原の乱で戦死した男と対面したことを、どうして疑うことができるだろう。告白は、言語をもって行なわれるとは限らない。

豊臣秀吉の禁教令による迫害で殉教した、長崎の二十六聖人の一人、フランシスコ・キチの像をつくっているときだった。彼はそこに、亡き父の顔をまざまざと見る。彼は、そのままの姿を彫り上げる。そのときのことを彼は、「わたくしはアトリエの真ん中に突っ立って像を見上げたまま、涙が止めどなく流れた」、と記している。また、舟越は、生後八カ月で愛息を喪う。その姿を描きながら、浮かび上がってきたのは、弱ってゆく幼子ではなく、天に安らぐ彼の顔である。それはけっして空想ではない、と書く。

この本に静寂なる言葉をもって刻まれているのは、孤高の芸術家の生涯に起こった恩寵の記録である。死者の来訪もまた、その美しい風景の一つとなっている。

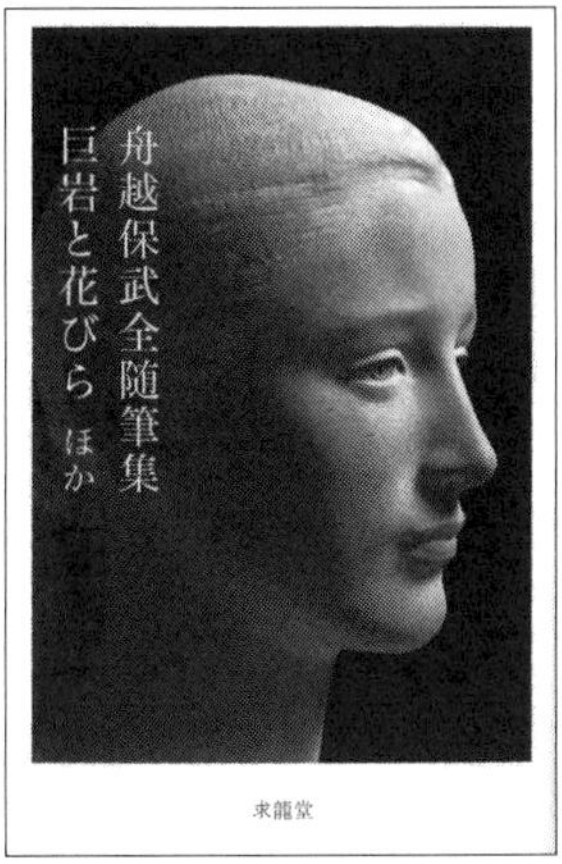

42 ヴィクトール・E・フランクル『夜と霧』池田香代子訳（みすず書房）

第二次世界大戦中、ナチス・ドイツによるユダヤ人迫害があった。この本の著者もまた収容所に収監された。医師である彼は、そこでの日々を、周囲の人々の心の変化に至るまで克明に記録する。生還して、この記録を論文にすることを目的に生き抜こうとしたのだった。彼は生き残る。だが、このとき彼が書き上げたのは、単に彼が何を見たかではなく、彼が何を託されたか、だった。この著作の真の語り手は、フランクルであるよりも、彼と同じ苦難を背負いながら、生還することができなかった死者たちである。

この書物を貫いているのは、与えられた生を生き抜くことへの不屈の意志でもあるが、それを支えているのは、死者たちとの協同を志すと同時に彼に宿った無私の精神である。読者はここで、作者が自身の経験を語るのを読みながら、同時に彼が「沈黙」していることを感じるだろう。そこに浮かび上がってくるのは、次々と死にゆく同胞たちの、言葉にならない「声」に耳を傾けるフランクルの姿である。

死者との交わりは、生者が死者の声を聞こうとするところから始まる。また、生者に真実の自己がいかなる存在かを知らしめてくれるのも死者であることを、この一冊は教えてくれている。

43　上原専禄著作集十六巻『死者・生者　日蓮認識への発想と視点』（評論社）

『死者・生者――日蓮認識への発想と視点』（未来社）を初めて手にしたのは、たしか二十歳のころだったと思う。場所ははっきり覚えている。当時、早稲田の穴八幡神社で開催されていた古書市だった。価格は五百円。金額まで覚えているのは買うかどうかを迷ったことも覚えているからである。阿部謹也の本で名前を知っていただけで、上原がどんな人物かの知識は皆無で、この本がのちに私にもたらす出来事など、まったく知る由もなかった。

この本こそ、近代日本における死者論の古典である。あるとき上原は、妻利子《としこ》を病で喪う。このとき彼は、自身が経験したのは愛妻の死ではなく、新生した一個の死者との遭遇だったと書いた。上原は妻の死という個の出来事を、徹底して深化させる。上原専禄は戦後を代表する西洋史の研究者であり、狭義の意味における「宗教」に依存しない、日蓮の衣鉢《いはつ》をつぐ信仰者でもあった。

学問と信仰が、真実の意味で彼の中で結合したのは、妻の死後である。以後、彼の生は、「生ける死者」である妻利子との、「共存し共生し共闘する」日々となった。彼はそれまでの学問的業績を根本から問い直し、未開の形而上的世界を開示しようとした。しかし、彼もまた、道なかばにして病に倒れた。その道程は著作集の編纂というかたちをとって、娘である上原弘江によって継承される。ここに挙げたのは、私が手にした初版に丁寧な校訂が加えられた、著作集版の『死者・生者』である。

個人の書架には「一等地」がある。もっとも強く惹かれる本、あるいは衝撃を受けた本などが、自ずとそこに集まってくる。『死者・生者』は、私の書棚で、いつもその場所にあった。だが、他の本と違ったのは、通読されないにもかかわらず、いつもその位置を占め続けたことである。

遠藤周作が『切支丹《キリシタン》の里』のはじめに、死者である「切支丹」たちにふれながら書いていたように、ページを開かずとも、すでに「影響」される本がある。奇妙に聞こえるかもしれないが、ほかに表現しえない強いつながりを感じさせる書物が、確かに存在する。私にとって上原専禄の『死者・生者』は、そうした一冊だった。

何度ページをめくったかわからない。そのたびごとに、書物と向き合う準備ができていないことを知らされ、ある抵抗を感じてきた。この本とじっくり対峙したのは、別離を経験し、私にとっての「死者」を身近に感じるようになってからである。

そこに刻まれた言葉は、悲しみとは何であるかを経験しなくてはならなかった私を、温かく包んでくれた。死は存在しない。存在するのは死者だけである、そうした素直な上原専禄の告白が、絶望の淵にあった私を救ってくれたのだった。

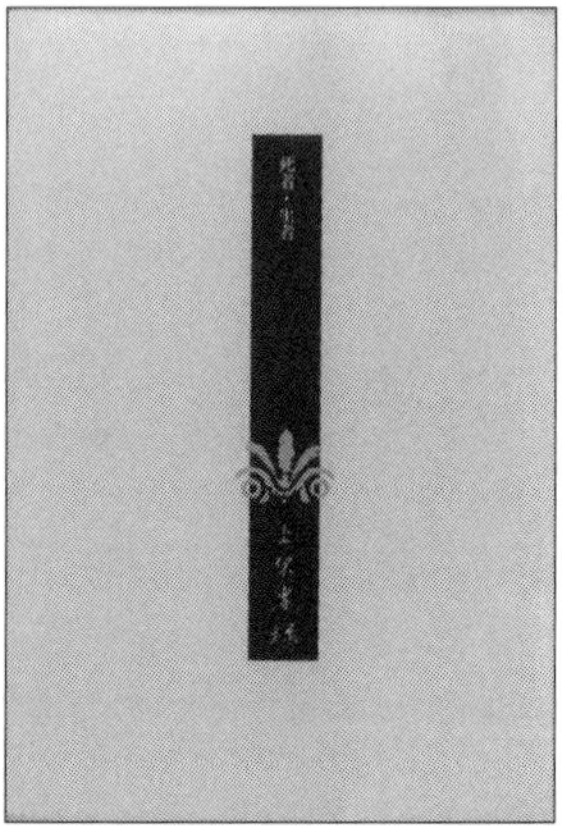

死者を描き出した作品や論考は他にもある。たとえばリルケの「レクイエム」を引く堀辰雄の小説「風立ちぬ」や、宮澤賢治の「銀河鉄道の夜」、その妹に向けられた詩、折口信夫の『死者の書』や『古代研究』、西脇順三郎の詩集『幻影の人』などが思い浮かぶ。法然、親鸞に始まる浄土仏教は、死者論そのものだといってよい。

また、海外の著作としては、「他界」の見者ランボーの詩集、著者としては、生命を追究することで魂の不滅を論じたベルクソン、あるいは純粋他者として死者を論じたエマニュエル・レヴィナスを挙げることもできる。また、生涯を賭して死者の形而上学を構築した哲学者ガブリエル・マルセルや、その友人である作家ジュリアン・グリーンも忘れてはならない。グリーンは文字通りの「見者」だった。ユング心理学の基盤は「死者学」だといってよい。これらに関しては別の機会に論じたい。

現存する人々の中にも優れた死者論の書き手はいる。以下に彼らの著書のなかで、死者論入門となる著作を挙げる。

石牟礼道子編著『わが死民』（創土社）
末木文美士『他者・死者たちの近代』（トランスビュー）
高橋巖訳『シュタイナー　死について』（春秋社）

山形孝夫『死者と生者のラスト・サパー』(河出書房新社)
渡辺京二『渡辺京二コレクション1・2』(ちくま学芸文庫)

「死者論」に詳しくなることと、死者に出会い、死者を感じることとは、根本的に異なる体験である。生者と死者の関係には、知識を貯め込むことではとうてい知り得ない、深遠な人生の秘密がある。今、私たちにとっての急務は、情報が詰め込まれた知識の箱をのぞき込むことではなく、死者と共に叡知の扉を開けることである。

死者の詩学

本日は雨の中、ご参加いただきまして誠にありがとうございます。この講座「上智大学キリスト教文化研究所　連続講演会」は、今年で四十回目だそうです。昨年もこの場でお話しさせていただきました。そのときのテーマは「食と霊性」でした。

あるとき、料理研究家の辰巳芳子さんとお話ししていたとき、「食」とは、生命の交わりであるという話になりました。私たちは生命を「食」することで、毎日を生きている。私たちは、単に食べ物を与えられていることに感謝するだけでなく、それが自分を日々新たに生まれ変わらせてくれていることを、実感しなくてはならないというのです。辰巳さんは私と同じカトリックです。日々の新生を唱える、彼女の「食」の哲学の根柢には、イエスの死と復活があるように思います。

実は、前回お話しさせていただいたときは、二十五年来の友人でもある伊藤幸史神父の代役で急遽お声掛けをいただいたのでした。伊藤神父をご存じの方もいらっしゃるかと思いますが、彼は「食」の意味を探究することで、現代にイエスの福音をよみがえらせようとしている人物です。彼には辰巳芳子さんとの対談『食の位置づけ～そのはじまり～』（東京書籍）

があります。

去年（二〇一一年）は大震災があり、講演会が行なわれたのは、それからおよそ三カ月後でした。私は、震災のあと、死者のことが語られないことに強い異和感を感じていました。違和感とは、何ともすわりが悪い感じのことですが、「異和」は、存在次元の在り方そのものに何か見過ごすことのできない不協和を感じることです。ですので、まったくそのつもりはなかったのですが、話は「食」から展開して、イエスの復活、そして「死者」の話になりました。ここでの「死者」とは、「死者・行方不明者」という場合の死者ではありません。死者とは、肉体が滅んだのちにも存在し続ける、いわば「生ける死者」です。

震災下にはさまざまな問題がある、しかし、生きている人の問題だけをいくら論じても、根本的な打開策はみつからない。およそ二万人の方が亡くなり、それに数倍する遺族・離別者がいる。彼らの苦しみは、自分たちの日々の生活や将来への不安だけにあるのではない、むしろ死者となった大切な人との関係が切り結べていないところにあるのではないか。

それは彼あるいは彼女らが、死者を感じられないからではなく、被災地から離れた私たち、あるいはジャーナリズムが、あたかも死者が存在しないかのように報道し、発言し、あるいはじかに被災者に接しているからではないか。死者への視座、死者からのまなざしを見落としていては、震災下の問題は、進展するどころか、けっして始まらない、そんなお話をしました。

そこにある編集者が来ていて、いまの話をもう少し書くようにとお声掛けをいただきました。そして発表したのが、「協同する不可視な『隣人』——大震災と『生ける死者』」という文章です。この文章を雑誌で読んで、すぐに電話をくださったのも辰巳さんでした。

この一文がきっかけとなって、私はいくつか死者論を書くようになります。そして、今年(二〇一二年)の三月に、この作品も収録されている『魂にふれる　大震災と生きている死者』という本を出しました。しかし、昨年この講演会にお招きいただき、死者の話をしなければ、その本も書かれることはなかったかもしれない。ですから、私はこの講演会には特別な思い入れがあります。一年経って、今再び、皆さんにこうしてお集まりいただいてお話しさせていただくことを、大変光栄に思います。

死者は、私たちの眼には見えず、ふれることもできないけれど、確かに存在している。そして、生者は死者と、彼らが肉体と共に生きていたころよりも、ずっと深い関係を切り結ぶことができる、私はそう考えています。

しかし今、そう考えているということで、昨年、ここでお話ししたときは、それを確信していたわけではありません。むしろ、死者の実在を感じてはいても、死者と共に生きるということがどうしてもできなかった、別な言い方をすれば、自分の感覚を自身で貫くことが難しかった、自分を信頼することができなかった、といった方がよいかもしれません。ですから講演の席で死者の話をした自分の声を聞いて、まず驚いたのは私自身でした。

意識せずに、自分の困難を切り開く言葉を他者にむかって話し始める、こうした経験は皆さんにもあるのではないでしょうか。今、私にとって死者は、いわゆる「信じる」対象ではありません。それは、ときに自分よりも自分に近しい人であり、また、常に「協同」する不可視な隣人です。

死者が自分よりも自分に近いというのは、私たち生者が自分の魂を見失ったときも、死者のまなざしは、そこから決して離れることがないからです。

死者が「隣人」であるとは、死者の存在が、自分とは誰かという問いに、いつも何か大切なことを教えてくれるという意味です。また、死者と生者が「協同」するとは、互いが、その全存在を賭して、瞬間瞬間を共に生きることができることを指しています。

さて、今回の二日間にわたる講座全体の主題は「カトリシズムの再生」です。そして、私に与えられた題目は「近代日本におけるカトリック文学」となっています。どちらも膨大で、一時間でそれを網羅するお話はできません。そのなかで、今日、皆さんといっしょに考えてみたいと思うのは、やはり「死者論」です。私には、この問題を考えることが、この二つのテーマにもっとも直接的に応答するように思われるのです。

文学とは、不可視な実在に言葉の肉体を与えることで、他者と分かち合う営みですから、「死者」、「生ける死者」は、まさに「文学」の根本問題であり得ると思われます。逆の言い方をすれば、感覚の彼方にある何ものかを、言葉によって招き寄せる人が「文学者」なのであって、単に小説や批評を書く者がそうなのではありません。「文学」という言葉が詩や小説、あるいは批評、戯曲などの形式を意味するようになったのは、本当にごく最近のことです。私は、それは大変貧しいことだと感じています。そこで問われているのは、「文学」ではありません。そのジャンルに過ぎません。文学のジャンルをいくら論じたとしても、文学の本質には永遠に届かない。

エドガー・アラン・ポーというアメリカの詩人がいます。フランス象徴派の詩人にも大きな影響を与え、近代詩の形成に大きく寄与した人物です。彼が、あるところで、大作家になるのは難しいことではない、と書いています。わが心の告白と題して、ペンをとればたちどころに名作は生まれるはずである。だが、だれもそれを読むことはできない。なぜなら、そこに刻まれた言葉はたちどころに紙を焼き尽くすからである、というのです。ポーらしい、美しい、しかしとても烈しい表現ですが、これは比喩ではなく、彼の実感だったと思います。真実の文学は万人の心にすでに実現している。書き手はそれに呼びかけ、言葉という衣裳を着せるだけだ、というのです。

そもそも「カトリック」とは何を意味するのか、そして、現代において「文学」の使命とは何か、この二点が融合する場があれば、「カトリック文学」と呼ぶにふさわしい何かがある、ということになろうかと思いますが、残念ながら私はこれまで、この二つが何であるかをはっきりと論じた文章に、出会ったことがありません。

「カトリック文学」という表現は、最近、文学界や学会などで市民権を得てきたように見えます。そこでは、カトリックの洗礼を受けた人物が書いた作品を総称して「カトリック文学」といいます。しかし「カトリック文学」は、はたしてカトリックの信徒によってのみ行なわれているのか、という問題が残ります。

洗礼を受けずにカトリックに接近した、あるいはその世界を描き出した人々は少なくないからです。小林秀雄が同時代人でもっとも評価していた批評家は、河上徹太郎です。河上は、中原中也を「カトリック詩人」と呼びました。中也は洗礼を受けていません。そういう河上徹太郎もまた、カトリックの批評家と呼ぶべき人物ですが、彼も洗礼を受けていない。小林秀雄の次の世代を代表する批評家であり、劇作家でもあった福田《ふくだ》恆存《つねあり》は、自ら「カトリックの無免許運転」と称したことがあります。

カトリシズムとは何かという問題をめぐって、プロテスタントあるいは正教会との神学的な差異をいくら論じても、カトリックの根源に到達することはできません。何かと比較すると、論点が明瞭になるような気がしますが、それだけでは不十分です。なぜなら、二者間あるいは三者間でもそうですが、宗教対宗教の地平に問題が固定されてしまうからです。

宗教の根本問題とは、それを信じる者の救済に留まらず、それを信じない者を含めた世界の救済を、いつも志向していなくてはならないのではないでしょうか。自らの信仰を深めることが、それを信じない人々にむかって自己を開いてゆくことにつながる、そこに信仰の秘儀があるのではないでしょうか。

宗教が深化する、それが超越にむかっていっそう接近するときにはいつも、他宗派あるいは異なる哲学、思想との出会いがあります。何か新しいものを生むために意図的に争う、それは大変愚かなことですが、悲劇の中にもかならず世界を革新する契機が潜んでいることも、私たちは忘れてはならないのだと思います。

今日は、無教会の藤本正高さんを皮切りに、矢内原忠雄、吉満義彦、越知保夫、そして須賀敦子の言葉を考えてみたいと思っています。須賀さんには最後にふれますが、宗教の衝突という話になりましたので、少しだけお話しします。

須賀さんの生涯は、ユダヤ教やプロテスタントはもちろん、マルクス主義やアナキズム（無政府主義）など、異なる宗教、思想、あるいは彼女の内なる異教や異端との葛藤だったといえます。

ミラノ時代に彼女が参加していた「コルシア書店」は、名前は書店となっていますが、実体は少しちがっていました。「カトリック左派」と呼ばれる精神運動の、イタリアにおける中心的拠点だったのです。ここでいう「左派」とは、信仰者として限界まで開かれてゆき、カトリック以外の「他者」とどこまでも対話をする、という態度を意味しています。当時のカトリックは、対話するどころか、自らの絶対性を説くことに懸命で、他の宗教、思想を邪宗あるいは異端だと断罪していました。

ですが、コルシア書店の人々はそうは考えません。差異は争いの原因ではなく、むしろ世界には無限の多様性があることの証だと考えます。異なる信仰、信条をもつことが、世界をいっそう深く見定めることになる、そういう道を「書店」に集まった人々は模索します。

そこにはカトリックだけでなく、さまざまな宗教や思想をもった人々が集って、時代の混迷を打開するために何をなすべきかを真剣に語り合います。この時期の経験は、須賀さんの魂の在り方を決定します。

彼女にとって信仰とは、自らの信じる宗教の絶対性を説くことではなく、他者にむかって極限まで開かれていくことを意味しています。ですから、彼女の信仰を考えるとき、少女時代に出会ったカトリックの自然的発展のようにとらえているだけでは、その真実は見えてこない。彼女がもう少しこの世で書く時間があったら、狭義のカトリックの枠組みをはるかに超える作品を書いたはずです。もちろん、その痕跡は今日、私たちが読める彼女の全集のなかにも至るところに、断片として散らばっています。

その生涯を暗示していて興味深いのは、ご自身もあまり語らなかったこともあって、生きているあいだに須賀さんがカトリックだと知っていた人は、周辺の文学者たちをふくめて、ほとんどいなかったことです。

もちろん、作家として活躍する前の彼女を知っている親族や旧友・恩師は別です。そういう人々は、聖職者を志したこともある彼女の、烈火のような信仰を知っている。そして、それが作家になったあとも、いわば青い焔のように静かに燃えていたことを知っています。

晩年彼女は、もう教会には行かないと、近しい人々にもらしていました。ですがこの発言も、自分の探しているものがすでに教会の内部にはないのである、という彼女の不満のように受け取ってはいけません。問題はもっと根が深いのです。

教会は「神」を信じる者が集う場所であるとともに、信じない者にむかって開かれていなくてはならない。むしろ、重大な役割は後者にある。信じ得ないと思っている人の魂にとっての、やすらぎの場所でなくてはならないはずです。しかし今日では、すでにそうではなくなってしまった、と彼女はいうのです。これは、現代の私たちにとっても、大変大きな問いかけです。

須賀さんは多くの読者に恵まれました。読者は、彼女が信仰者だったことを知らなかった。しかし、信じることの意味あるいは貴さは、きっと読み手には感じられていたはずです。それは須賀さんの願いだったのでしょう。彼女は信仰とは何かを説くことよりも、信じることの意味が、自己を通路として顕われることを願っていたからです。須賀さんにはまたあとで触れます。


さて、最初に読んでみたいと思うのは藤本正高さんの文章です。藤本さんは、内村鑑三にはじまる無教会の伝道者です。彼は一九〇四年に生まれ、一九六七年に亡くなっています。のちにふれるカトリックの哲学者、吉満義彦《よしみつよしひこ》も同年の生まれです。内村鑑三が亡くなるのが一九三〇年、藤本さんはこのとき二十六歳ということになります。

現代の日本では、キリスト教はさほど大きな影響力をもっていませんが、かつて、日本でもキリスト教が、人間の魂に深くふれた時代がありました。戦前、ついこのあいだの六、七十年前までそうでした。

その時代のさきがけとなったのが内村鑑三です。彼のもとに、日本じゅうから人が集まってきました。藤本さんもそうですが、吉満さんもそうです。のちに作家になる志賀直哉や正宗白鳥といった人物もいます。

そのなかには命をかけて「道」を求める、という人物が現われます。それまでの生活を擲《なげう》って、道のためなら野垂れ死んでもかまわないという人がキリストの道を作る、そういう時代がついこのあいだまでありました。藤本さんもその一人ですが、吉満義彦もまた、哲学に殉じる生涯を送ります。「哲学」は、今日では人文科学の一分野を示す言葉ですが、吉満さんにとっては、人間が殉じるに値する何ものかでした。こうした人にとって、営みの違いはあっても、生きることが、そのまま「伝道」だったのです。

伝道者という言葉は、今日ではあまり現実味をもたなくなっていますが、昔はいました。私の小さいころもいました。日本じゅうを旅しながら、食うや食わずのまま伝道する人がいた。私が会ったのはカトリックの女性の伝道者ですが、前ぶれなくやって来て、旅での経験や自分の信仰体験の話をする。そして、ご飯を食べて、また旅にでる。

彼女はいつも大きな風呂敷包みを背負っていました。そこにはキリストやマリアの像、そして本やロザリオが入っていて、それらを売って伝道の資金にしていました。親鸞がいう「非《ひ》僧《そう》非《ひ》俗《ぞく》」ではありませんが、その方は聖職者ではないのです。ただ伝道をする、そういう人がまだいました。

日本浄土教の祖師、法然、親鸞、一遍も、文字通りの伝道者です。日蓮もそうです。内村鑑三だけでなく矢内原忠雄も日蓮を愛したのは、その姿に、真摯な、深い伝道の精神を見たからであったと思います。

彼らが伝えるのは教えではありません。「道」です。宗教とは教義を理解することではなく、「道」を歩くがごとく生きることである、それを体現することが彼らの悲願でした。藤本さんは本当の伝道者です。年譜を見てみると、伝道、伝道、また伝道です。伝道の先、どこで客死してもかまわないという覚悟が、そこに見て取れます。藤本さんは立派な方でしたが、そのご家族も、ほんとうによく藤本さんを支えられたと思います。彼の年譜は、そうした見えない家族の協力を想起させます。

藤本さんの文章を読んでみます。次の一節は『基督《キリスト》の復活と死者の甦り』という本にあります。藤本さんは一九三五（昭和十）年に、一歳にならない娘さんを亡くします。そのとき彼は、この死者論を書いた、その序文です。

しかるに今日ほど、この福音の中心問題が無視されていることはまた少ない。或る者は誰々の主義、学説、思想を宣べ伝えるのに汲々とし、また或る者は社会的基督教、国粋的基督教と時代の流れと競争し、また或る者は基督の十字架も、復活も無視した、道徳的、社会事業的基督教に寧日なき有様である。しかも彼等のこの努力にもかかわらず、教会は衰微し、信者は信仰を失っている。

これは戦慄すべき言葉です。今、私たちのいるところそのままです。昨年の震災直後のキリスト教そのものではないでしょうか。

今ほど福音の中心的問題が見過ごされている時代はない。人々は、宗教をめぐり既成の神学や思想を語ることに忙しい。ある者は社会主義的であることとキリスト教を同一視し、またある者は国粋主義的であることがキリスト者であることだと主張し、世の流れと競争している。その頃の日本は、マルクス主義が弾圧されながらも勢力を伸ばし、その一方で国粋主義もまた覇権を争うように勢いを増し、二者が衝突を繰り返していました。一九三五年には、中野重治が「転向」に至る自身の内的風景を描いた小説「村の家」が発表されています。中野重治が、国家権力によってマルクス主義あるいは社会主義的な政治活動から身を引くことを、国に約束させられる、いわゆる「転向」をするのはその前年です。

藤本さんは続けてこう言っています。別なところに目を移してみても、キリストの十字架と復活を忘れて教条的に道徳を説く者、あるいは社会福祉を行なうことと一体化したキリスト教を見るばかりだ。さらに、彼らの努力にもかかわらず、教会は弱り、人々は信仰を失っているではないか、と藤本さんは言うのです。

この発言は、注意深く読まなくてはなりません。彼は道徳や社会福祉を軽視しているのではありません。だが、それだけではキリスト者に託された役割を十分に果たすことはできない、というのです。キリスト教の核心、それは十字架と復活、すなわち人の姿をしたイエスの死と、死者の王であるキリストの復活だというのです。

今日お集まりの中には神父さんもいらっしゃいますし、シスターもいる、他の方々も、何らかのかたちでキリスト教と関係のある方が多いのではないかと思います。私は、もしかしたら皆さんにあまり心地よくない話をするかも知れません。その点はご勘弁ください。ですが、その言葉はいつも、私の胸を最初に貫いていることは、申し添えておきたいと思います。

ここで考えてみたいのは、カトリックに限定されませんが、昨年の震災後に宗教が、あるいは宗教者が何をしてきたか、ということです。それは震災に関係する問題以前に、その宗教が現代あるいは現在とどう向き合ってきたかを、如実に表わすことになったはずです。

彼らは何をしたでしょう。救援物資を運ぶ、現場の復興にたずさわるなど、ひたすら見えることがらの改善に力を注いだのではないでしょうか。私は、そこで実際に働いた一人一人の善意は本当に貴いと思います。いつふたたび地震が起こるかわからない、そんなときです。あの時期、現場に入るだけでも大きな勇気が必要でした。ここで問い直したいのは、「教会」が何を考えていたかです。「教会」には固有の特別な使命があるはずです。医師には医師の、建築家には建築家の、運送業を営む者には物を運ぶという、それぞれの分野において、その人々にしか行ないえない役割があります。
もし、医師が現場にいて、目の前に苦しむ人がいるにもかかわらず、物資を運んでいるのを見たら、私たちはどう感じるでしょう。この人に向かって、あそこに苦しんでいる人がいます。あの人を今救うことができるのは、医師であるあなたです。ぜひ、力を貸してください、そういうのではないでしょうか。震災下の「教会」の使命とは何でしょうか。物資を運び続けることだけだったのでしょうか。そういう問いを念頭に、続きを読んでみます。

その最大原因は何処にあるか。基督教が真の基督の福音でなくなった為である。基督教は神より人間に啓示された生ける福音であって、基督についての人間の思想でも、主義でも、学説でもない。まして一民族、一国民の、時代思想や、国民精神ではない。

なぜ、「教会」はその力を失ったのか、それはキリスト教が、キリストの福音を伝えることを止めたからだというのです。藤本さんは無教会の方です。ここでの「教会」が、単に建物や宗派を示しているのではないことは明らかです。それはキリストの福音を伝える不可視な伝統であり、無限に開かれゆく共同体です。キリスト教とは主義でもなければ学説でもない、それは「啓示」である、「生ける福音」である、これが無教会の根本信仰です。

ここで藤本さんが感じている「教会」とは、十字架上で死に、復活したキリストの異名です。彼にとって伝道とは、キリストを背負って歩くことでした。藤本さんは続けます。

私はこの時にあたってこの書を公にする事とした。その動機の一は、昨年幼児を召されて、今までより一層来世問題について考えさせられるようになった為である。そして今一つは、かくも基督教の重大問題が無視されて、復活節もただその形骸が守られているにすぎないのを遺憾に思ったからである。第一の動機で一度筆を握った私は、そのあまりに重大な問題であるのを思って筆を棄てた。しかし今年になり、復活節も近づくにあたって、第二の動機が再び私に筆をとらせた。しかし私の微力と、この書が小著であるため、充分に書き得なかった。されどこの問題について聖書の言葉を紹介するだけでも、充分意義があると思う。

子供が亡くなった、それが本書を著す動機だった。しかし、それだけではこの本を書き終えるに十分ではなかった、と藤本さんは述懐します。彼は個人的な問題を解消するために死者論を書こうとしたが、うまくいかなかった。けれども、キリスト教の「復活」という信仰上の大問題がまったく表層的に認識されているのを見、復活祭も形骸化している今日、根本から「来世」を問うことの意味を感じ、再度筆を執ったというのです。

キリストの復活を考えることが、来世を考えることにつながり、死者を考えることになった、と藤本さんがいうとき、彼にとってのキリスト教信仰の根幹とは、復活したキリスト、すなわち死の国から復活したキリストを経験することであることがわかります。

キリスト教では、イエスは十字架上で死んだ後、三日後に復活したと信じられています。ここでの「復活」とは「蘇生」ではありません。死者として新たな生命を得ることです。藤本さんは、新約聖書にあるパウロの「コリントへの手紙　第一」の一節、「もし死人の甦へる事なくば、キリストも甦へり給はりざりしならん」を引きながら、「死者の復活は基督の復活の必然の帰結である。故にもし死者の復活がないというならば、基督の復活がなかったのである」と書いています。

キリストが復活したのだから、死者も復活する、キリスト教徒でなくても、こうした論理が展開すること自体は分かるでしょう。しかし、逆の「死者の復活がないというならば、基督の復活がなかったのである」となると、キリスト教徒でない人はもちろん、信者であっても、特定の死者が復活しないからといって、「神」であるキリストの復活まで否定するのはおかしい、というかもしれない。

ですが、それは藤本さん個人の感覚ではなく、パウロが書いているように、原始キリスト教においては信仰の原点でもあったと思われます。死者論を書く藤本さんは、それが個人的な表白にすぎないではないか、と言われても決して動じません。そうした自省は、彼の中で幾度となく繰り返されています。むしろ、この本で彼は、自らの身に降りかかった経験だからこそ、ごまかすことはできないという立場に立ちます。藤本さんの本を読んでいると、コーランのある一節が思い浮かびます。コーランの語り手は「神」です。「神」がムハンマドの口を通じて話した言葉の記録、それがコーランです。「神」は言います。「しかと己れの目で見たものをなんで心が詐《いつわ》れるものか」(「星」)。

ここでの「目」とは、肉眼であると共に心眼でもあります。そこで確かに感じたことを、「心」すなわち魂がどうしてなかったことにできようか、というのです。これは藤本さんの実感でもあったのではないでしょうか。

藤本さんだけではありません。私が読んだ優れた死者論はすべて、個の切実な経験から出発しています。彼らは個の経験をどこまでも掘り下げる。そして、彼らはその道が他者へと続くまで、掘り下げることを止めない。そこに彼らの偉大さがあります。

ですが、彼らの文章を読んでいると、個の問題を個の世界に終わらせないのは、生者だけの努力ではなく、死者との「協同」の結果であることも同時に感じられます。死をめぐる個に始まったことが、死者の助力、死者との「協同」によって、これまでにない次元で他者に向かって開かれてゆく、という出来事が起こっている。さらにいえば、死者は、生者が個的なことに囚われている状態から救い出そうとします。

この本（『基督の復活と死者の甦り』）以降、断片的な発言や文章はあっても、キリスト者による本格的な死者論が出ることはありませんでした。それは今も続いています。藤本さん以前にはあります。まず、彼の師である内村鑑三の最初の著作『基督信徒のなぐさめ』の第一章「愛せしものを失《う》せしとき」は、近代日本思想史における最初期の死者論です。同じく内村門下で、無教会の伝道者だった藤井武の思想は「死者の詩学」と呼ぶべきものですし、藤井さんの親友であり、やはり内村の精神を引き継いだ矢内原忠雄の言葉にも、死者への視座ははっきりと見ることができます。

現代における死者論を考えるとき、私は、無教会の人々の著作から重要な示唆が得られると考えています。無教会のキリスト教とは、むしろ死者のキリスト教だといってもよいくらいです。その先駆けとなったのが、内村鑑三の『基督信徒のなぐさめ』です。彼は二番目の奥さんを亡くしたことを契機に、これを書きました。文語調の大変美しい文章です。文庫本で百ページほどの小さな本です。

内村鑑三をめぐっては、有名な「不敬事件」があります。掲げられた「教育勅語」に十分に頭を下げなかったことが「不敬」であるとされて、彼は職を奪われ、社会的信用を失い、キリスト教会からも見放されます。そしてついに、困難にある彼をいつも献身的に支えた愛妻をも喪います。このとき彼は自死をも考えたといいます。

後年の人々、とくに無教会に関係の深い人たちは、「神」以外には頭を下げなかった内村を見て、ここに新しいキリスト教が生まれたと言います。拝するのは「神」のみである。それ以外の権威には絶対に頭を下げない、それを実践した内村先生は偉大である、そう言って、みんなで内村を持ち上げた。

しかし、『基督信徒のなぐさめ』を読んでみても、そんなことは一言も書かれていません。書簡などは別にして、内村自身が不敬事件に関して文章を公にしたことはありません。それはみんな周りの人間がやった。彼が必死に書いたのは、彼の亡くなった奥さんのことです。妻は亡くなったが、いまも生きている、そればかりかいまも自分を支えてくれている、だから自分はキリスト者として立つ。『基督信徒のなぐさめ』は、そうした魂の独立を宣言する信仰告白の書です。

無教会はここからはじまっています。ですから藤本さんが死者論を書くのは、無教会の伝統からいえば自然なことだともいえます。

近代日本において無教会は、キリスト教的霊性として、もっとも大きい、また深い影響をもたらした。ここで「霊性」として、というのは、いのちを賭けるに値する何かとして、という意味です。

無教会の活動は、いわゆる教会をもたず、個々の伝道者が自宅を開放し、それぞれが冊子をつくり、購入してもらいながら行なう、「独立伝道」というかたちが基本です。内村鑑三の場合は『聖書之研究』、矢内原忠雄は『嘉信《かしん》』、藤井武は『旧約と新約』、藤本さんは『聖約』、それぞれ個々に雑誌を持ち、基本的には毎月発行します。それぞれの伝道者が、互いの雑誌に執筆することはあっても、個々に独立した活動ですから、無教会はカトリックやプロテスタント諸派のような組織力をもちません。

しかし、なぜ無教会がここまで力を持ちえたのか、私は死者の問題がすべてだとはいいませんが、既存の教会が死者の問題を忘れたことは、影響力を失う大きな原因の一つだったと思います。無教会の信仰者にとって死者は、生々しい同伴者です。彼らから発せられる言葉は、聴く者に現実世界を超えた世界があることを感じさせます。死者はそこの住人であり、そこからの来訪者であることが、人々に伝わったのです。

無教会は知識層に広まった精神運動で、民衆の心には入って行かなかった、とはしばしば聞く指摘ですが、俗説です。確かに無教会の伝道者は、聖書講義を中心に伝道を続け、そして知識層にも強く訴えた。しかし、そのことと彼らの言葉が民衆の心に届かなかったかどうかは、別の問題です。私がそれを強く実感するのは彼らが発行した冊子で、それぞれの著作を読むときです。そこに見るのは、全集などで整理された言葉の集積とは違う、紙面に記憶された、時代の空気と信徒たちの声が入り混じったような、ある一つの風景であるようにすら感じられます。

それらを読むと、伝道者たちが向き合ったのはいわゆる知識層ではなかったことが事実として確認されます。さらに踏み込んでいうなら、知的なことを求めているのは知識層である、というのは大変大きな思い違いです。真実の知識、すなわち叡知とは、何の前提もなく、万人に開かれているものです。むしろ、そうでないものは、叡知としては不完全なのだと思います。

ここで矢内原忠雄の文章を読んでみます。矢内原さんは一八九三年に生まれて、一九六一年に亡くなっています。経済学者で、植民地問題の研究者としても優れた業績を残しています。一九三七年、盧溝橋事件の直後、「挙国一致」を唱えて一気に国家主義的に傾く日本を批判する、「国家の理想」という文章を発表し、東京大学をひとたび追われますが、のちに東大に復帰し、総長まで務めた人物です。

彼も、無教会の血脈につらなるキリスト者ですが、厳密には内村鑑三のお弟子さんというには当たりません。彼自身、内村鑑三と新渡戸稲造《にとべいなぞう》を父母にたとえ、その二者の間で自分は育った、という言い方をしています。また、矢内原さんは、内村鑑三という人はとても個性の強い人だったから、自分は多くの弟子たちのように、内村の近くにはあえて寄らなかった、とも書いています。自分は内村先生に変わらない敬愛を抱き続けたかったから、あえて内村から距離を保ったというのです。これは優れた洞察だったと思います。内村の近くにあった人は、ほとんど彼と決別します。一歩離れていたゆえに、内村の「遺産」が矢内原に引き継がれたともいえるのです。

ですが、矢内原さんも内村さんに負けず個性の強い方で、矢内原さんのお弟子さんで、やはり優れた学者で労働問題の権威でもあった藤田若雄という方が、自分は矢内原さんを尊敬したかったから、矢内原さんと距離を保ったと、同じことを書いています。人間矢内原忠雄の実像をかいま見るようで、興味深い逸話です。

次に読むのは、矢内原さんの「死についての思い」と題された文章の一節です。

我らの肉体の復活は終《おわり》の日を待つべきである。併《しか》し終の日の来るまで、死後の我らは無知覚・無力のまま横《よこたわ》っているのではあるまい。我らの愛する者はその死後、我らの単なる記憶の中に住むと言うには余りに力強き働きを、我らの間に、又世に対して為しつつあるではないか。彼らの現実的の働きは、死後に於いて却《かえ》って生前よりも強きものがある。それは一層純なるものとなったからであろう。

この一文に出会ったとき、矢内原さんが書いたとは思えませんでした。私が知っていると思い込んでいた矢内原さんは、死者の実在を、ここまで生々しく語るような人ではありません。時代と闘うキリスト者、あるいは悲しみを乗り越えてなお突き進むような強い人物、そんなふうに思っていましたし、そう語られていたとも思います。しかし、それは風説に惑わされていただけだったことが、今ではよく分かります。

「我らの愛する者はその死後、我らの単なる記憶の中に住むと言うには余りに力強き働きを、我らの間に、又世に対して為しつつあるではないか」、この矢内原さんの、ほとんど信仰告白といってよい問いかけに、私たちはどう応答するでしょうか。みなさんも同じような経験をされたことはないでしょうか。私はこの一文を読んだとき、自分の内心を語られたような気がして、驚きました。私たちが虚心に死者と向き合うとき、その交わりは互いが生きている頃よりもずっと深くなるのではないでしょうか。

また、この一節からだけでも、矢内原さんが生々しいまでに、「肉体」の復活を信じていることが分かります。永眠という言葉がありますが、彼が感じている死者は眠ってなどいません。また、死者は、私たちの記憶にあるうつろな影のような存在でもない、彼らは「力強き働きを、我らの間に、又世に対して為しつつある」ことを、矢内原は強く感じています。そして、死者の働きが、彼らが生者であったときよりも強靭であるのは、その存在がいっそう純化されたからだろうというのです。

矢内原忠雄は内村鑑三の陰に隠れていて、あまり正当に評価されてこなかったのではないかと思います。私は、内村を論じる人から直接間接に、内村に比べると矢内原はつまらないといった言葉を見聞きし、自分でそれを確かめる前に鵜呑みにしてしまったきらいがあります。矢内原忠雄を再読してみようと思ったのは、父が亡くなったことがきっかけです。

父の最晩年の数カ月、私は『内村鑑三をよむ』（岩波書店）を書いていました。その最後は、父の亡骸と共に葬儀場の別棟で一晩を明かしながら書きました。翌日、主のいなくなった、父の書斎を眺めていると、矢内原忠雄の本があります。本に呼ばれるという経験は、皆さんにもおありになるかと思いますが、私が矢内原さんを読むようになったのも、そう表現するほかない流れに応じてのことです。

ですが、矢内原さんを再読するようになって、かつての思い込みは私に限らないのではないか、とも感じ始めています。確かに『矢内原忠雄全集』は数回刊行され、その上、別の出版社が全集未収録の講演録も出版し、彼の個人誌『嘉信』まで復刻されています。このことは、ある時期には大変よく読まれ、一部の熱心な読者もいたことを示しています。しかし、今日では彼の本を手にしようと書店にいっても、『キリスト教入門』（中公文庫）のほかは、簡単には読めません。矢内原さんは二〇一一年が、ちょうど没後五十年です。そろそろ思い出してもよいころです。

もう一つ読んでみます。次は「愛する者を天に召されし人々におくる」という、愛する人を失った遺族への書簡体のエッセイです。死者は、いなくなったのではなく、「キリストの中に生きつづけて居るのです」と書き、次のように続けています。

彼らが地上に居た時に勝る力添えと慰めとを、天からあなた方に送って来るのはこの為《た》めです。あなた方の心に宿った悲しみを、姑息な手段で紛《まぎ》らそうとしてはいけません。さりとて之に淫し、悲しむ事を楽しんでもいけません。悲しみの中から神に呼ばわり求めなさい。神様を信頼しなさい。そうすればあなた方の深い悲しみも、朝には必ず歓喜に化するでありましょう。

この一節は、無教会の精神によって生まれた、もっとも美しい表現の一つではないでしょうか。死者たちは「キリストの中に生きつづけて居る」との言葉からは、キリストは、人間イエスであると共に無限に広がる時空としても存在する、という彼の信仰が伝わってきます。死者はキリストの内にあるからこそ、地上にいる生者に力と慰めをもたらすのである、というところにも、神学的な論理の展開を超えた彼の確信を見ることができます。

ここでもっとも重要なのは「あなた方の心に宿った悲しみを、姑息な手段で紛らそうとしてはいけません。さりとて之に淫し、悲しむ事を楽しんでもいけません」という言葉です。矢内原さんは、遺族にむかって、心に宿った悲しみを安易な方法でまぎらわそうなどとしてはならない、というのです。またその一方で、悲しみに浸り込むことにも、同様に注意を促します。

悲しみは、超越的世界からもたらされる聖なる合図だというのです。だからこそ、彼は「悲しみの中から神に呼ばわり求めなさい」と続けます。悲しみをもたらす神を信頼せよ、そうすればあなたの悲しみも、明日にはかならず歓びに変じるだろうというのです。矢内原さんご自身も奥様を亡くしています。彼はのちに再婚しますが、生涯にわたって亡くなった奥様との協同を感じていました。このことにはまた、のちほどふれたいと思います。

かつて無教会では、死者をめぐってこうした真摯な言葉が発せられ、それを受け取るひとがいた。今日の宗教界はどうでしょうか。死者が実在していると信じているのであれば、大震災で二万人近くの方が亡くなっているにもかかわらず、宗教はなぜこの問題に積極的に参与しようとしなかったのか、という事実を問い直さなくてはならなくなります。また、今、この瞬間にも「生まれている」死者たちに、宗教はどう向き合うのか、さらにいえば向き合い得るのか、という問題です。宗教者の役割とは、単に葬儀のときに祭司になることではありません。死者が実在することを明言することもまた、重要な役割の一つです。

いま、宗教にもとめられているのは、安易な解決策を提示することではありません。希望とは、人々が抱える魂の苦しみの上に築かれていること、また、個々の労苦のうちにのみ、世界を真に変える力が隠されていることを示すことです。

人間は、自分では本当だと思っていても、誰かがそれを本当だと認めてくれなければ、いつのまにか自分を疑いはじめるものです。認めてくれる人はたくさんはいりません。真摯な共感がひとつあれば、人間は生き続けることができます。魂の領域の問題について、そうした不本意な疑いを生ましめないことが、宗教の役割ではないでしょうか。そして、苦しむ人の傍らにひたすら寄り添うこと、だまってただ寄り添うこと、それが宗教の役割です。

次は矢内原さんの詩を読んでみます。実は矢内原さんは詩人でもあります。内村鑑三は近代日本を代表する「詩人」であるというとき、それは、彼の言葉は自ずと超越を志向している、という意味であって、内村さんが詩をよく書いたということではありません。しかし、矢内原さんの場合は、文字通りの意味で詩人でもありました。そしてそれは、散文に劣らず素晴らしいのです。これから読むのは「天に在る愛する者を思ふ」と題された一篇です。冒頭の一節から読んでみます。

我が心は愛する者と共にある、
彼天に召されし後、我が心も天にある。
年経《ふ》れど、古びず、
いやまさる新しき輝きに、
彼はほほゑみつつ天に生きる。

自分の心は今も、死者となった愛する人と共にある、これは分かります。つぎの「彼天に召されし後、我が心も天にある」というのは惹きつけられる一節です。死者が天にあるから、自分の魂も天上にあるというのです。

ここには、これまで話してきた死者と生者の関係とは少し異なる表現があります。死者が生者の傍らにあるだけでなく、生者が死者のそばにいくこともまた可能である、と矢内原さんはいうのです。そして、そこで彼が目にする死者は、年を経ても歳をとらないばかりか、これまでにない「新しき輝き」を放ち、ほほえみながら天に生きていると言います。

これを読んで、詩だからきっと想像によって書いているんだろうなどと思っては、もったいない。矢内原さんという人はこのままの風景に出会った、見るがごとくここにあるように死者を経験したのである、そうでなければこうした実感のこもった詩は生まれない、それが「文学」の秘密だと私は思います。ここには、比喩など一行もありません。もう少し読んでみます。

屢〻《しばしば》天を見あぐる私の視線と、
私を見まもる彼の目と会ふ。
私の涙の一滴に、
彼は惜しみなくその全身を写し、
私のとどのはぬ歌に、
彼は天の音楽を合はす。

これが「文学」でないなら、何をもって「文学」と呼ぶべきかわからなくなります。「私の涙の一滴に、／彼は惜しみなくその全身を写し、／私のとどのはぬ歌に、／彼は天の音楽を合はす」、一滴の涙に死者は惜しみなくその姿を顕わし、生者のむせび泣くような歌声に、死者は天上の調べで応じる。生涯に一回でもこういう経験をすれば、誰も死者の実在を疑うことはないでしょう。

文学の役割とは、個の経験を言葉にすることで、他とつながる道を切り開くことです。ですから私たちは、矢内原さんの経験を信じていいんです。今、自分の涙の中に、死者が全身を写すのを感じられないとしても、そう感じた人間が確かにいる、ついこのあいだまで生きていた。それは明白な事実なのです。

次は「うぐひす」という詩です。

死にし者復活《またい》くと
この嘉《よ》きおとづれを、
冬過ぎて春来る
この朝聞きぬ。

死者とは「復活《またい》く」者である、この喜ばしい知らせを、早春の朝、確かに聞いた、というのです。自分の経験があっても、また自分を疑うんです。本当にいいのだろうか、と。すると、ある日、声ならぬ声が自分のところにやってきて、疑ってはならない、死者はたちまち復活すると告げる。矢内原さんは、それを「嘉《よ》きおとづれ」だといっています。「嘉きおとづれ」とは、「嘉信」です。福音が世に啓示されたものであるように、「嘉信」とは、一個にもたらされるキリストの声にほかなりません。

静かに語られているので、読み過ごしがちですが、矢内原さんもまた、天の声をしばしば耳にする預言者的資質の人物だったことがうかがわれます。個人誌『嘉信』創刊の言葉に、彼は「私は宗教家になりたくない。(中略)一人の平信徒として啓示せられる神の愛と智慧とをば、一層広く、深く、且つ豊かに人々に頒《わか》ちたいと希《ねが》うのみである」と記しています。

詩にもどって、最後の一節を読んでみます。

ゑんどうの芽は伸びて
うぐひすは来り啼く、
死にし者また活くと
このよきおとづれを。

彼が聞く「嘉《よ》きおとづれ」とは、ときにえんどうの芽が伸びるのを見ることであり、それはうぐいすの鳴き声でもあるのです。矢内原忠雄は優れた学者でしたが、論理一辺倒の人ではまったくないのです。むしろ熱情の人であり、感性の人です。そして経験の人でもあります。単なる理知の人ではありません。一つの草木にも死者の復活を見る人物だったことを、私たちは忘れずにいたいと思います。

次の詩は「春三月」と題されています。三月は自分にとって特別な月だ、と矢内原さんは書いています。一九二三年の三月二十六日に彼は妻を喪います。彼の母親が亡くなったのも三月でした。

矢内原さんは若い頃から頭角をあらわしていたので、二十七歳のときに、文部省の海外研究員としてヨーロッパに留学しています。二年余の留学から二月九日に帰り、翌三月の二十六日に奥様は亡くなります。

けれども、『矢内原忠雄全集』の年譜を見ますと、奥さんが死んだのは、三月ではなく、二月になっています。矢内原さんの長男で批評家の矢内原伊作が、父親の評伝『矢内原忠雄伝』を途中まで書いて、亡くなります。この作品は、矢内原研究の資料として一級であるだけでなく、息子が父親を描き、見事にその人間をよみがえらせた文学作品としても、とても優れています。

伊作さんの伝記ではもちろん、お母さんの亡くなった月は三月になっています。ですが、この本の刊行は彼の没後でしたので、年譜は出版社がつくり、そこでは岩波版の全集を踏襲して、二月のままになっています。これは単純な誤りです。こういうことは起こり得ます。それ自体は問題ではありません。しかしこのことは、矢内原を論じる人にとって、最初の奥さまの存在、ことに死者である彼女の働きがあまり顧みられなかったことを示してもいます。彼がそれを、どれほどはっきりと、また常に感じていたかは、これから読む詩「春三月」が伝えています。

わが愛する者の天に召されたのは、
春三月のうららかな日であった。
その日俄かに黒雲がわき起って、
孤独の私をつつんでしまった。
悔恨と悲痛が湧きあふれて、
抑えるに力がなかった。
しかし黒雲がやや薄れて、
淡きかなしみの霧となり、
その水滴の幕のかなたに、
春の陽のかがやく時が来た。

わが愛する者の墓は、
御国の園の入口に立つ。
そこから梯子《はしご》が天に直通し、
御使たちが昇り降りした。
父なる神のみさとしを我にもたらし、
わがいのりを父にたずさえ上る。

妻との死別は、限りない後悔と悲痛の出来事だった。そこに立ち向かう力も残されていないかに思われたが、次第に暗闇は「淡きかなしみの霧となり、／その水滴の幕のかなたに、／春の陽のかがやく時が来た」と矢内原は歌います。「かなしみの霧」という言葉には、死者存在をほのかに感じながらも、どうしてもそれを確信できないでいる彼の苦しみが籠められています。

ですが、「わが愛する者の墓は、／御国の園の入口に立つ」以降の世界は一転します。ここに描かれているのは鮮烈なヴィジョンです。彼は妻が、地中の奥深くではなく、天国の門にいることをはっきりと見ます。それだけでなく、そこから彼のもとに天から梯子が下ろされ、そこを「御使《みつかい》」、すなわち天使たちが昇り降りしているとまでいうのです。そして、天空から差し込む光は、神の教えを伝え、自分の祈りを神に届けるというのです。

矢内原さんが「春三月」を書いたのは、一九五八年三月、彼の晩年、奥様の没後じつに三十五年たってからです。最後の一節を読んでみます。

わが愛する者の召されたのは、
我を力強く生かせるためであった。
わが心はこの世にないが、
わが足はこの世を歩む。
復活の希望はわが心を高くし、
復活の希望はわが足を軽くする。
復活の希望はイエスの墓に芽ばえ、
わが愛する者の墓に花咲き、
わが墓に実るであろう。

愛する者が先だったのは、自分を力づけるためであったというのです。これが人生の晩年に書かれたことを思うとき、何か厳粛な感覚に包まれます。

二〇一〇年に私は妻を喪いました。矢内原さんの言葉には強い実感があります。誤解を恐れずにいえば、先立つというのは、もっとも深き愛の営みだと、今は思います。なぜならば、遺された者は死への恐怖から解放され、孤独になることはないからです。伴侶を喪う、悲しみのあまり身が壊れそうになったことは、何度もありました。しかし、振り返ってみると、本当の意味で孤独ではなかったのではないか。いつも不可視な死者を、どこかで感じていたのではないか。私の悲しみは孤独による悲哀ではなく、かつてのように、言葉をもって、からだをもってふれ得ないことへの悲しみではなかったか、と思うのです。矢内原さんも同じことを言っているのではないでしょうか。

また、ここでも再び彼は、自分の心はすでに地上にはない、しかし、足は地を踏むのだと歌います。それは魂と肉体の分離ではありません。むしろ、魂がいっそう深く肉体を包みこんでいることを、矢内原さんは実感している。妻を喪う前は、肉体を純化することで、魂の顕現をもとめた、しかし、魂それ自体である死者と新しい交わりを経験してからは、もともと魂に肉体が包まれていることを知った、というのでしょう。

ですから、魂がどこまで高みを望んだとしても、この世で肉体と分かたれることはありません。矢内原さんにとって、死者と共にあるということは、与えられた生命をその極みまで生き抜くことでした。それが死者の悲願であることも、彼にははっきりと感じられていたと思います。

妻を喪った翌年、矢内原さんは再婚します。そして、新しい家族を作ります。死者を思う気持ちと彼の再婚は矛盾するのではないか、そうお感じになる方もいらっしゃるかもしれません。ですが、彼に新しい伴侶との出会いを願ってやまなかったのは、亡くなった彼女ではなかったでしょうか。

また矢内原さんは、新しい奥様を深く愛されたと思います。死者への愛、あるいは死者からの愛を経験した者は、それ以前とは違った形で他者を愛することを学ぶからです。死者からの愛は交換ではなく、循環を志向します。愛を受けた生者は、それを死者に返すのではなく、目の前の他者に注ぐことを促されるのです。

ここでは詳細にはふれませんが、矢内原忠雄の生涯を考えるとき、藤井武を見過ごすことはできません。矢内原さんは神にも言えないことでも、藤井には話せると言ったほど、この人物を信頼していました。藤井さんの矢内原さんへの信頼もまた、同質のものです。

先にも申しましたが、藤井さんの思想の根幹にあるのは死者論です。彼も妻に先立たれます。そこで『羔《こひつじ》の婚姻』という、一万五千二百行という長大な詩を書き始めます。ダンテの『神曲』より二千行短く、ミルトンの『楽園喪失』（『失楽園』）よりも二千行長い、と矢内原さんは書いています。もちろん、ここで矢内原が言いたいのは長さのことではありません。近代日本にも西洋の古典に伍するような、死者をめぐる魂の告白がある、というのです。最初の一節を読んでみたいと思います。

目もはゆるコスモス、菊、ダリヤ
くまどるはうす紫の桔梗、
めづらし、薔薇の小花《をばな》さえ添ひ、
きよき者の門出に栄《は》えあれと、
その面《かほ》おほひに胸かざりに
秋は自然の誇りをつくした。
ああかくて平和に、しかし声なく
臥《ふ》すは誰か、いま私《わたし》の前に、
否、むしろ私のふところに。

目にもまぶしいような花々に囲まれた妻の亡骸を前に、「臥すは誰か、いま私の前に、／否、むしろ私のふところに」と歌われます。眼前に横たわっているのは誰だ、そうではない、むしろ彼女が今いるのは自分の「ふところ」、すなわち魂の世界においてではないのか、と自身に問いかけるのです。そして彼は、こう続けます。

現実かこれは、また幻か。
いづれとも、或る言ひがたき世界に
わたしは今おのれを見いだす。

現実とも幻とも、どちらとも言い得ない世界に自分はいる、というのです。彼は、自分の身の上に起こった死者との遭遇をこの世界に刻むために、この長篇詩を書き始め、そして、作品が終わる前に、彼もまた、逝かねばならなかったのです。

妻喬子《のぶこ》が亡くなったあとも藤井は伝道を続けます。そして男手ひとつで子供たちを育てて、ついに自らもまた病に倒れるという、壮絶な人生を送った人物です。

藤井の遺された五人の子供の面倒をみたのが矢内原さんです。彼はわが子同様に五人を育てます。この事実こそ、矢内原さんがいかに死者を生々しく感じていたかを示しています。彼は遺された五人が不憫でならないから育てた、というのではおそらくないでしょう。もっと違った、死者である藤井との真摯な対話が、何度も繰り広げられたはずです。

のちに矢内原さんは藤井武の全集を二度、選集を一度編んでいます。親友の全集の編纂に、矢内原さんは尋常ならざる熱情を傾けます。矢内原さんがここで藤井の文章をまとめなければ、私のような後世の者は、この偉才の言葉にじかにふれることはできなかったかもしれません。

死者との協同を感じている人とは、死者と共に何かを実践する人です。私は矢内原さんが書いた、死者をめぐる言葉にも惹かれますが、こうした持続する無私の実践に、いっそう感銘を覚えます。

矢内原さんの没後、岩波書店から決定版の『藤井武全集』が出ます。藤井武の死者論は『沙漠は番紅花《サフラン》の如く』と題されています。機会がありましたらぜひ、お読みください。藤井武の思想は、また別の機会にじっくりとお話しできればと思います。死者の形而上学、あるいは死者の詩学と呼ぶべき彼の言葉は、読む者を存在の深みへと導くのです。

次に吉満義彦の文章を読んでみます。吉満さんは、今日の会場である上智大学とも縁のある方で、ここで教授をなさっていました。そして、彼の最後の講義は学内にあるクルトゥルハイムと呼ばれる聖堂で行なわれました。この建物は第二次大戦の戦禍を免れ、今日でも吉満さんがいらした頃の面影を残しています。吉満さんは、キリスト教を生きぬくことで、狭義の宗教を超え、哲学の次元まで高めることを試みた近代日本で最初の人物です。

もう一つ、吉満さんを考えるときに留意したいのは、文学への接近です。吉満さんの哲学全体を継承する人物は今も現われていませんが、彼の詩の精神、彼のいう「ポエジー」を引き継いだ文学者はいます。よく知られた人物としては遠藤周作がそうです。そして、あとで見る越知保夫という批評家がいます。生前も吉満さんの周囲に集まったのは、哲学者よりも文学者でした。批評家の小林秀雄、フランス文学者の渡辺一夫ほか、堀辰雄、亀井勝一郎、神西清、片山敏彦などとも親交を深めました。遠藤周作が文章を書くきっかけは、吉満さんが堀辰雄に遠藤さんを紹介したことでした。作家の中村真一郎、批評家の加藤周一も、吉満さんに影響を受けた人たちです。

二〇〇八年、加藤さんは亡くなりますが、その少し前にカトリックの洗礼を受けています。ですが、加藤さんの若い頃の文章にも、カトリシズムの影響は色濃く見ることができます。

晩年の加藤さんへのインタビューを中心にしたドキュメンタリーに、「しかしそれだけではない　加藤周一　幽霊と語る」（DVD、企画制作スタジオジブリ）があります。加藤さんは「死者」という言葉は用いません。「幽霊」と言います。これを見て私は、彼の平和思想の根本に、連続する死者との対話があることがわかり、表面的には同じようなことを言う知識人たちとの明確な差異、いわば覚悟の違いが感じられて、大変興味深かったです。加藤さんの言葉から感じるのは、死者との約束は生者とのそれ以上に重んじなければならない、という切実な思いです。

さて、ここで皆さんといっしょに読んでみたいと思いますのは、吉満義彦の「実在するもの」という一文です。これは吉満さんが奥さんのことを書いた、ほとんど唯一の文章だと思います。吉満さんは、一九三三年の二月に結婚します。そして奥さんが三カ月後、五月に亡くなります。妻となる輝子さんは病に冒され、病室にいました。二人はそこで結婚式をします。死が迫っていることは、彼らに了解されていました。その上で二人は、カトリックの秘跡である結婚を身に受けたのでした。

結婚と妻の死は、哲学者吉満義彦の原体験ともいうべき出来事です。吉満義彦の怜悧な頭脳に関してはさまざまな逸話があります。彼が卒業した鹿児島の高校では、彼を記念するためにその机を残しておいたそうです。私はこの話を、彼の生地、徳之島の郷土史家から直接聞きました。その後の経歴をみても、吉満さんは伝説的な秀才です。ですがこの悲劇的な結婚を経たあとの彼は、そこに留まらず、魂において哲学を生きることを知った求道的思索者となります。

本文を読んでみます。文中の「ニューマン」とは、ジョン・ヘンリー・ニューマンのことです。彼は、イギリス国教会からカトリックに改宗して、教皇に次ぐ枢機卿になります。吉満さん自身も改宗者でした。ニューマンは、吉満さんがもっとも影響を受けた思想家のひとりです。吉満さんは、「カトリックの哲学」を世に示すことで、迷走する霊性の時代に一条の路を開こうとします。ニューマンは近代カトリシズムとその霊性の革命者でもありましたが、吉満さんはその衣鉢を継いで、日本においてそれを実現しようとします。

では読みます。霊性の改革者ニューマンの秘密を、吉満さんが解き明かそうとします。

ニューマンにとっては見えざる世界が彼の関心事であり彼の心を占領したので、それは彼の真の故郷であった。ニューマンと同じあるいは彼よりすぐれたる徳をもてる他のキリスト者が努力なしには傾倒できなかったろうものが、彼にとってはむしろ傾向性であり、天使を考え、見えざる霊を考えることは「知的歓び」に充たさるることであり、彼においてはそのイデアルな実在への執着において詩と信仰とは合致していたのである。彼にとっては見えざる霊界こそ唯一の実在であり、見ゆる感覚的世界は過ぎゆく「影と写し」にすぎない。

ほかのキリスト者にとっては、大きな努力を要する「実在」の世界への参入も、ニューマンにとってはむしろ第二の本能ともいうべき趨勢《すうせい》だったと吉満さんは言います。趨勢とは、自ずからなる流れです。

ニューマンは、特別なことをせずとも、全身が自然に「霊界」へ向かう、と吉満さんはいいますが、こうした文章は、それを書く者に同質の実感と経験がなければ生まれてこないものです。ここで吉満さんは、ニューマンの霊性を前に、一切解釈をしません。ですが、その筆致は自画像を描く画家のように正確であり、また霊感に満ちています。

生者が暮らす日常的世界の彼方に、「実在」の世界がある、そこには天使がいて、「見えざる霊」がいる。それを考えることがニューマンにとっては真の歓びだった、と吉満さんは言うのです。そして、「彼（ニューマン）にとっては見えざる霊界こそ唯一の実在であり、見ゆる感覚的世界は過ぎゆく『影と写し』にすぎない」、と結びます。むしろ、私たちが本当の世界であると感じているこの世界の方が、じつは「影」であり、実像の「写し」だと指摘します。

また、先の一節に続けて、吉満さんは「彼は言う『天使はわれらの間にある（Angels are among us）これを看過して一切を自然法則をもって説かんとするは罪である』と」、と続けます。

天使は私たちの間にいるではないか。それを見逃して、すべてを因果の法則で語ろうとする、それは罪である、と吉満さんは言うのです。ここでの「罪」には少し注意が必要です。

それは、罪悪ということではありません。「罪」とは、「罰」と直結するとは限りません。むしろそれは、認識や行ないが不完全である状態、大いなる誤りであることを示しています。天使がいるのにもかかわらず、それが存在しないかのように私たちは生きている、それは大いなる誤りである、と吉満さんは警鐘を鳴らします。

吉満さんの文章は読みにくい、とお感じになるかと思います。たしかに意味を拾おうとすると難解です。ですが、意味ではなく音に神経を傾けると、文章が別な形で浮き彫りになってきます。「色読《しきどく》」という言葉があります。色を見るように、言葉を感じなければ見えてこない世界があることをこの一語は伝えています。詩であれ、哲学であれ、読み手が受け取らなくてはならないのは、文意だけでなく、言葉に息づく躍動であり、律動です。吉満さんの文章は時に複雑でもあるのですが、血の通っていないものは一つもありません。もう少し読んでみます。

そして（ニューマンは）死せるものの霊の世界を見ゆる現世と平行して劣らずリアルなるものとして取り、「死するとは見ゆる世界を去るということ、換言すればわれわれの感覚の仲介によって交わることをやめること」にすぎないとされ、死者とわれらとの間には交通の手段が変じたにすぎないとされた。

ニューマンにとって、死者の国は生者の世界と同じく「リアルなるもの」だった、そして、「死するとは見ゆる世界を去るということ、換言すればわれわれの感覚の仲介によって交わることをやめること」というニューマンの言葉を引きながら、吉満さんは、死ぬとは「見ゆる世界」を去ることであり、「感覚」による交わりを止めることに過ぎない、死は、永遠の離別を強いるのではなく、「交通の手段」、すなわち交わりの方法が変わっただけだというのです。

別な言い方をしますと、吉満さんは、死者を安易に私たちの五感の世界に招き寄せることの危険性を、指摘してもいます。それはつまり、私たちの肉眼は死者を映すことができるか、耳は死者の声を聞くことができるのか、という問題です。死者は私には見えませんし、聞こえません。しかし、見えず、聞こえないというのは、感覚的限界に過ぎません。死者は見えなくても感じます。聞こえなくても死者と対話することはできます。今、皆さんに吉満さんの話をしながら、吉満先生は私の話を聞いているに違いない、と思いながら話しています。

死者の姿が見えないということは、その実在をなんらおびやかすことではありません。今日は雨で空は曇っています。曇っているから太陽は見えません。私が今、空を見上げて、太陽が消えてしまったと騒ぎだしたら、皆さんはどうお感じになりますか。太陽が見えないからといって、太陽がなくなったといってはならないように、死者が見えないからといって、死者は存在しないといってはならない。

太陽が見えなくても、光が見えているから太陽を感じることができる、と反論されるかもしれません。死者も同じです。私たちは死者を光として感じることができます。光は、いつも明るく輝いているとはかぎりません。闇もまた、光の姿の一つです。闇とは、光が失われた状態ではなくて、光が一点に凝縮している状態です。ですから、闇を感じるとき、私たちは同時に光の存在を感じることができます。私たちの感覚がそれを認識できなくても、魂はそれを知っています。吉満さんは、魂の感覚を「実在感」という言葉で表現します。

見えざるものの実在感こそは常にわれらをして自然とわれらの背後にまたかたわらに天使と霊の伴侶を実感せしめ、これは所詮、神とキリストの実在に直接に導きゆくものである。見えざる国にうつされし霊に常に思いをつなぎ追憶を常に現実に保持し意識することは、実にカトリック的敬虔の本質に属する。

「見えざるもの」への「実在感」は、天使と「霊の伴侶」——ここでの「霊の伴侶」とは「死者」を意味します——が存在することも、同時に感じさせてくれる。そして天使と死者が、私たちを神とキリストの実在に「直接に導きゆく」のであるというのです。私はここに、吉満義彦の信仰告白を見る思いがします。吉満さんにとって「死者」とは、自己を慰める者であるより、神へと導く者です。この一点を見過ごさなければ、吉満義彦を読み誤ることはないと思います。そして吉満さんは、「見えざる国」に住まいを移した死者に「常に思いをつなぎ」、追憶を常に保持することは、カトリックにおける信仰の根源をなすものだ、というのです。

ここ上智大学の横に、聖イグナチオ教会があります。その聖堂の下に納骨堂があります。案内板には「クリプタ（地下聖堂）」と表記されています。生者が祈る聖堂の下に、死者の住まいである地下聖堂がある、これはカトリシズムの伝統に生きている象徴的な、そして示唆に富んだ設計です。

地上では生者が祈る、死者がそれを見えないところで支えている。実際にそうではないでしょうか。祈りは死者の支えがなければ実現せず、生者だけでは虚しい行ないである、それは日々、私にも実感されます。

生者は死者を伴ってこの世に生まれます。人は生来、死者と共にある。しかし、私たちは誰が随伴しているかを知らないこともある。また、年を重ねるとは、守護する死者を増やしてゆくことではないかとも感じています。死者は過去ではなく、今、ここの同伴者です。ですから、死者を考えることは、私たちの今を考えることになるはずです。それは死者の世界に空想をめぐらすことではありません。また、死を考えることでもありません。

「死」を語る書物は数え切れないほどあります。特に震災後にはたくさん出ました。皆、死ぬことは怖くない、と口々にいった。作家、宗教学者、宗教者によるそうした発言は、今も続いています。

しかし、冷静に考えてみればすぐに分かることですが、死を経験した人などいないのです。臨死体験とは、彼岸を目の前にして帰ってきた経験です。臨死体験をした人は死んではいない、生きています。未知の大陸の岸辺を見て、上がらずに帰って来た人の話を聞いて、それがすべてだと思うわけにはいきません。

私たちが切実な体験として、自らの言葉で語りうるのは死ではありません。死者との日々です。もっというと、私たちは死について語ることに、もう少し慎み深くなくてはならない。不可知なことは、ときに「畏《おそ》れ」を呼び起こします。「畏れ」は「恐れ」ではありません。畏敬と恐怖はずいぶんと異なります。「畏れ」は、人間が畏敬の念を覚えるような経験です。「恐れ」は恐怖と戦慄の経験です。他者の死とは恐怖の対象ではなく、畏敬の念をもって接するべき出来事ではないでしょうか。

死者が存在するということは、同時に人生の問題はこの世で解決しないということを示しています。ですから、生命論が、人間の存在の根柢を明らかにしようとする試みであるなら、必然的に死者論に発展せざるをえません。生命論と死者論というのは、同質の探究における、異なる道行きの謂《い》いでなくてはなりません。なかでも死者論の展開が急務であると考えるのは、医療と介護の分野においてです。「臨床の死者学」の構築がもとめられています。

現在の薬草を商う仕事を始める以前、私はある会社で介護用品の営業マンでした。当時、東京近郊にあった特別養護老人ホームのほとんどに、一度は行ったことがあると思います。最近では事情も大きく変わっていると思いますが、当時、介護用品は今日のようには開発も進んでいませんでしたから、営業マンは開発者を兼務していて、よく現場に入らせていただいて、そこで働く方々から意見を伺い、新製品の開発に役立てていました。

しかし、そうした日々を送っていると、物を開発するだけではどうしても解決できない問題が、高齢者福祉の根幹にあるということが分かってきます。それが何であるかは言葉にならない。そこで、どんどんもどかしさが募ってきます。いまさら医学を勉強することは、現実的な選択肢ではありませんでしたので、通信制の大学に入り、社会福祉学を勉強して社会福祉士の資格を取ろうとしました。おそらく四、五年在籍し、スクーリングにも数十回参加し、もう一歩で卒業するというとき、大学に通うのをやめてしまいます。決めた日のことは今でもはっきりと覚えています。当時の社会福祉学は、私が抱いていた問いに答えるどころか、問題をいっそう複雑化しているように感じられたのです。

社会福祉学と一口にいっても、様々な分野があります。児童福祉、障がい者福祉、貧困などの生活者保護の福祉、高齢者福祉などです。どの授業に出ても、またどのテキストを読んでも、人間の魂を問う著述、あるいは視座に出会うことはできませんでした。それどころか、当時の社会福祉学とは、いかに多くの人々に「効率的」に福祉を提供できるかを説く、社会システムの学問のように思われました。

今日の社会福祉の現場がどうなっているか、私は詳しく知りません。しかし、妻と父が亡くなるに際して過ごした病院での出来事から想像すると、問題は依然残っているのではないかと思われました。終末期医療の現場は、すでに積極的な医療を施すことができませんから、介護の現場と様相が似ています。私がそこで見たのは、患者を見ることなく、病状を見ることだけに専念する医師、あるいは医療従事者たちです。

現代の医学において、存在は肉体と同義ですから、肉体が消滅したあとの死者など論じられる余地はありません。ですが、死者の状態でなく、生者においても肉体と魂は不可分に存在しています。肉体の危機は、同時に魂の試練でもあります。

しかし、病で肉体の危機にあるとき、現代人はその伴走者として、魂にまったく関心を示さない医師を選ばざるを得ません。生命とは何か、魂とは何かをほとんど理解しない者が危機を司る。そこに悲劇が起こるのは当然です。

もちろん、医療従事者の世界にも、よき例外は存在します。しかし、医療従事者の多くにとって、魂は未知の存在であるより、存在すらしないのです。ですから、自己の魂が他者にむかって開かれてゆこうとする動きである霊性が、問題になることはあり得ません。

医師は、肉体と共に常に魂にふれていることを、深く認識しなくてはなりません。介護の現場で働く人々、心理学者も同じです。彼らは意識現象ではなく、魂の声にも耳を傾けなくてはならない。治療者は、肉体をつつむ魂に、そして魂を保持する肉体の双方に、尊厳を感じて向き合わなくてはなりません。なぜなら患者とその家族は、魂が軽んじられていることを、敏感に感じ取るからです。

吉満義彦は、カトリックの哲学を世に問うことで、近代科学一色に塗りつぶされた世界観に、根本的な異議申し立てをしたいと願っていました。医学はもちろん、彼の重大な関心事でした。かつても今も、学生は医師になるために解剖生理学を勉強しなくてはなりませんが、魂の学、霊性の学としての哲学を学ぶ必要はありません。彼にとって「哲学」とは、「肉体に依存せざる」魂を復権する試みでもあったのです。もう少し吉満さんの文章を読んでみます。

この哲学（カトリックの哲学）は見ゆる世界にいかに多くの存在の段階のあるかを説き、この時空的世界と不可見の実在との限界線上に立つ人間の位置を知らしめ、また霊魂の肉体に依存せざる存在を推理せしめ、やがて純粋の霊体の無数の段階の実在を設定する。

存在には階段がある、次元には層がある、私たちが肉眼で見ているのはいわば存在の表層、上っ面にすぎない。見えない、もっともっと奥深い世界がある。そこに立ってみれば、魂の存在は、肉体に依存しないことがわかる。また、それればかりか、その哲学は、魂のからだというべき「霊体」が、無数の層を成していることを教える、というのです。魂が、からだの中にあるのではありません。魂がからだを、存在を包んでいるのです。

言葉がときに人を励まし、また傷つけるのは、知性による認識以前に、直接言葉が魂にふれるからです。私たちが考える以前に希望を感じるのは、それを魂がしっかりと感じているからです。知性がそれを確かめようとしたとき、疑いが生まれます。理性の上では理由なき希望であると私たちが感じることでも、魂で感じるべき現実であることがわかれば、私たちがいたずらな疑念に惑わされることはないはずです。死者の言葉は、いつも私たちの魂に語りかけます。次の一節で吉満さんを終わろうと思います。

私は自ら親しき者（妻）を失って、この者が永久に消去されたとはいかにしても考え得られなかった。否な、その者ひとたび見えざる世界にうつされて以来、私には見えざる世界の実在がいよいよ具体的に確証されたごとく感ずる。最も抽象的観念的に思われたであろうものが最も具体的に最も実在的に思われてきた。見えざる実在の秩序を信ずることとその存在を具体的に感ずることとは自ら別である。私は親しき者を失いし多くの人々とともに、失われしものによって最も多くを与えられる所以を今感謝の念をもって告白し、このまとまらぬ感想をとどめたいと思う。

妻を喪って、その存在が永久に消え去ったとはどうしても思えなかった。そればかりか、彼女が「見えざる世界」に移ったことで、その世界があることが、いっそうはっきりと感じられるようになったというのです。かつては抽象的にしか感じられなかったものが、今ではもっとも具体的に感じられる、と吉満さんは言います。

そして、次の一節が大切です。「見えざる実在の秩序を信ずることとその存在を具体的に感ずることとは自ら別である」、見えない世界の秩序を「信じる」ことと、それを「感じる」ことは、おのずから別なことだというのです。ここではもちろん、「感じる」ことの重要性が問われています。死者とは、信じる対象ではなく、「感じる」隣人である、これは、皆さんもお感じになっていることではないでしょうか。

次は、吉満さんのお弟子さんにあたる越知保夫という、詩人であり批評家の文章を読みます。越知保夫は、一九一一年に生まれて、一九六一年に亡くなりました。批評家の中村光夫は越知さんと同じ年で友人であり、ライバルでもあります。小林秀雄は一九〇二年生まれですから、九歳違いです。小林さんに続く世代の批評を代表する人物ですが、生前に本を出すことなく亡くなったこともあって、今日まで正当に評価されていない、しかし、大変重要な仕事をなさった方です。

『神秘の夜の旅』（トランスビュー）という本で、私はこの人物の生涯と文学を書く機会に恵まれました。越知保夫と出会うことがなければ、私はおそらく文章を書かなかったと思います。今日は死者の話をしておりますので、誤解を恐れずに申し上げますが、死者である越知保夫の助力なくしては、私はものを書くということができない、そうした意味で私にとって、とても大事な人物です。

越知さんは大阪の姫島というところに生まれますが、小学校のときに東京の九段にあるカトリック系の小中一貫教育の暁星《ぎょうせい》に転校してきて、洗礼を受けています。当時の暁星は、吉満さんの先生である岩下壮一神父の影響を強く受けていました。おそらく越知さんは、岩下神父を見かけたことがあったと思います。このころ、越知さんは司祭になりたいと願っていました。

そして一高、東大へと進みます。一高のカトリック研究会に指導者として来ていたのが、吉満さんでした。東大の仏文科に進んで中村光夫などの知遇を得ます。その後、越知さんは左翼運動に参加、自宅を運動に開放して、そこで逮捕され、獄に入ります。そこで結核になり、以後、それが宿痾となります。

ここで注目したいのは、文学的素養が大変豊かに備わっていた越知さんが、プロレタリア文学を書くことではなく、一個の活動者として左翼運動に参加したことです。

マルクス主義に魅せられた多くの青年は、「思想」を自己表現の道具にします。「思想」的根拠の上に文学作品なり、芸術作品を作ります。マルクス主義は次第に、世界をより深く認識するための一つの視座であるよりも、宗教的教義のような様相を呈してきます。

キリスト教の正当性を訴える文学を、ある批判を込めて「護教文学」といいます。キリスト教が世界と対峙するのではなく、作品の世界観をあらかじめキリスト教の教義のなかに定着させ、物語を展開するような文学です。同質のことが、マルクス主義をめぐっても起こります。マルクス主義的な文学、すなわちプロレタリア文学が生まれ、プロレタリア作家と自称する人々がたくさん出現します。越知さんが学んでいた東大にも、同様の青年はいました。

そのなかで越知さんのとった行動は、作家になることではなく、一介の運動家としてそこに連なる、というものでした。彼にとって運動に連なることとは、知性の問題ではなく、全身を賭すべき魂の問題だったことがわかります。越知さんの生涯を見ていると、真実の文学が胚胎するのは、むしろ文学と訣別する覚悟を持った者が、全身を賭して何かを行なうときなのではないか、と思われてなりません。

今は詳しくふれませんが、私には宮澤賢治も同質の人物のように感じられます。賢治も、死者論を考えるとき、素通りできない人物ですが、越知保夫を読んでいると、宮澤賢治と同じ魂の律動を感じます。彼にとって文学とは、内心の真実に言葉の肉体を与え、その存在を明示することでした。彼にとって重要だったのは、真理の顕現であって、優れた文学作品を残すことではなかったと思います。賢治は、法華経を千部印刷して配布することを遺言して亡くなります。自分の文学は「南無妙法蓮華経」の題目に収斂するというのでしょう。彼は文学のために身を賭したのではなく、自己を超える何ものかが、自身のからだを用いて語り始めることを願った。それは越知さんも同じです。

越知保夫は、四十九歳で亡くなります。彼が批評を書いたのは晩年の七年間です。決して長くない期間ですが、この七年間に日本の批評は新生し、そして日本における「カトリック文学」は胚胎したというのが私の考えです。越知さんの没後刊行された遺稿集を読んで、ある人がとても印象的な言葉を残しています。

この評論集の著者、故越知保夫氏は作品の数も少なく、その名も中村光夫氏や山本健吉氏、平野謙氏のような一部の人を除いては文壇にもあまり知られていなかった。しかし私は砂漠のなかに金鉱を掘りあてたようなよろこびをもってこの本を読み終わることができた。

「砂漠のなかに金鉱を掘りあてたようなよろこびをもって」、越知保夫の本を読み終えた、そう書いたのは遠藤周作です。この一文は、遠藤さんによって書かれるべくして書かれたのだと思います。遠藤さんの小説にも、死者は生きています。若いときの作品から、晩年の『深い河』まで、それは変わりません。

遠藤周作は、小説家として知られていますが、文学的出発は批評家としてでした。彼は、三十歳のときにフランス留学から帰ってくるまでは批評家です。遠藤さんが小説を書くようになったのは、同年の十二月にお母様が亡くなったことと無関係ではありません。このとき、遠藤さんは、死者との「交通」には、批評ではなく、小説という道が適していると感じられたのだと思います。遠藤さんも吉満さんのお弟子さんです。彼は越知さんの文章を読んで、自分と師の間に優れた先達があることを知ると共に、批評の可能性を発見し、驚嘆し、また歓喜にふるえた、先に引いた一節はそのことをはっきりと伝えています。

越知さんの文章をいくつか読んでみます。次の一節は遺稿集のタイトルにもなった、代表作の一つでもある「好色と花」と題された作品にあります。

死者の亡骸は彼らにとって神聖なものであったと思われる。それは個人の美醜を超えたものであった。ここでも人麻呂は死者の面から死の赤裸々な形相を古代人の拙い手つきで恭しく覆い隠してやるのである。

まず、ここで指摘されているのは、柿本人麻呂が歌人である前に、死を祀り死者を弔う祭司だということです。死者の亡骸は個人の美醜を超えた存在だった。なぜなら、それは神聖なる世界の窓だからと言うのです。そして人麻呂は、「古代人の拙い手つき」でもって、死者から「死」の相を振り払い、その新生を静かに告げるというのです。

祭司、すなわち宗教者ですが、かつて彼らの役割は死を告げることではなく、死者から「死」を恭《うやうや》しい手つきで振り落とすことでした。しかし、現代においてはどうでしょう。宗教者たちほど熱心に「死」を語る人々もいないのです。次の一節も「好色と花」にあります。

死者と生者とは子供の想像の内でのように生きた交りをしていた。母を失った子供にとっては、死んだ人はどこか遠い所にいてそこから自分達を見守ってくれている人である。彼等の為す善い事悪い事は皆死者に通じる。このような子供の意識に於ける死者のあり方を折口（信夫）氏は古代人の中に考えているのではないかと思われるが、ここでも死は存在しないということができる。死が姿を現わすのはこの死者と生者の生きたつながりが絶ち切られる時である。

最後の一文がもっとも重要です。「死が姿を現わすのはこの死者と生者の生きたつながりが絶ち切られる時である」、そのとおりだと思います。死者を語らずに「死」を語ることは、生者と死者とのあいだにある「生きたつながり」を絶ち切ることだというのです。そんなことをすることが、誰に許されているでしょう。

死者はけっして忌まわしい存在などではありません。震災後、そして今も、私たちが目撃し続けなくてはならないのは、「死」のみを語ろうとする忌まわしい光景です。何人《なんぴと》たりとも、生者と死者との間に生きている、聖なる関係を弄ぶことは許されていないはずです。

次は越知さんが、自分の考える「死者」とは何かを、もっとも率直に語った言葉です。

死者とは何か。死者は虚無であるのか。死は、我々の中に愛するものの空しい影だけを残して一切を絶滅してしまうものなのか。我々の中には、そうではないと叫ぶものがある。それは直接的な確信である。(「ガブリエル・マルセルの講演」)

死者はいる、それは私たちの内なる叫びだというのです。ここでの「叫び」とは、恐怖にかられたときのわめき声ではなく、理論の世界を超えた出来事に遭遇したときの、無形の応答です。先ほど見た吉満さんの、死者は信じる対象ではなく、感じる実在であるという言葉を思い起こさせます。

次の一節で、越知さんを終わろうと思います。「ガブリエル・マルセルの講演」と題する作品の一節です。マルセルは、同時代の哲学者のうち、越知さんがもっとも信頼した人物です。マルセルの哲学こそ、死者の形而上学と呼ぶにふさわしいものです。マルセルは幼いときに母を喪い、また妻に先立たれます。

「神なき神秘家」とは、ある人が詩人ポール・ヴァレリーを表現した言葉ですが、それは洗礼を受ける前のマルセルを表現するにもふさわしいものです。彼がカトリックの洗礼を受けたのは、哲学者として世に認められたあとです。彼の死者との交わりは、幼年時代から続いています。ですから、カトリックへの入信と死者の発見とは関係がありません。むしろマルセルの思想は、死者と生者の絆は、宗派的宗教の教義をはるかに超えたところで私たちに「現前」することを、明らかにしています。「現前」とは、マルセルの哲学を理解する鍵となる言葉です。それは、何ものかが、生々しく立ち現われるさまを示しています。

マルセルは、この現前者présenceを「汲めども尽きぬ具体的なもの」inépuisable concretと呼んでいる。それは我々の呼びかけに対して常に「汝」Toiとして現前するものであり、我々が分析したり支配したりしようとするよりも、挨拶saluerすべきものなのだ。

ここで「現前者」と呼ばれているのは「死者」のことです。死者は「汲めども尽きぬ具体的なもの」である。死者もまた、日々新生するとマルセルは言います。

また、死者は、分析の対象であるよりも、「挨拶すべきもの」であるとは、真に死者の顕現に遭遇した者のみが言える美しい告白です。

先に吉満さんが、死者とは生者をキリストに導く窓だと書いていました。越知さんもまったく同じことを考えています。マルセルもまた、自伝『道程』で、死者である妻と遭遇した日にふれて、あの出来事が放っていた輝かしさは筆舌に尽くし難い、あのような瞬間が人生に一回でもあれば、生きることの意味に疑いを抱いたりはしないだろうと書いています。

死者との出会いは旅の終点ではなく、むしろ始まりです。死者は扉となって、私たちに超越の世界があることを告げ知らせます。死者が訪れ、手を差し出す、それが何であるかを知ろうとして、眺めるのではなく、生者は恐れずその手をにぎりしめ、そこから新しい一歩を踏み出そうではないかと、越知保夫は読者にむかって静かに語りかけるのです。

最後に須賀敦子を読みます。吉満義彦にはじまる近代日本のカトリシズムの系譜は、聖職者に限定されない、一信徒による霊性の開発の可能性を示しています。それは越知保夫、遠藤周作と継承されるのですが、一方、須賀敦子によっても、遠藤周作とは別なかたちで豊かに展開します。

吉満義彦は内なる革命家を蔵していました。それは吉満さんの、「民衆」と共にある教会という表現に現われていますが、それを社会的に実践したのが越知保夫です。その精神を、日本の枠を超えて、より広い場所で試みることを託されたのが須賀敦子でした。

須賀さんは、越知さんとは面識もありませんし、作品も恐らく読んだことがなかったのではないかと思います。しかし、この二人には共通点も多く、目に見えない連帯を感じます。

二人を結ぶきずなの中心にいるのが、エマニュエル・ムーニエという二十世紀フランスの哲学者です。

ムーニエの思想は人格主義（ペルソナリスム）と呼ばれます。「人格（ペルソナ）」とは、「性格」のことではなく、人間としての「格」を決定するもの、人間の根源にあって、人間であることの証となるものです。

それは超越者によって万人に等しく分け与えられている。だから、人間が「人格」において平等であることは、いかなる理由の前でも侵されることはない、とムーニエは考えました。一なる源泉から発した人類であれば、対話を究めることで、そこに対立を克服する道が開かれる可能性がある。そう信じたムーニエは、思想を提唱するだけでなく、実際に異教徒あるいは異なる思想を奉じる人々との対話を、積極的に繰り返します。人格主義の精神は、須賀さんがミラノ時代をおくった「コルシア書店」に生きています。

須賀さんがムーニエを知ったのは、倫理学者三雲夏生《みぐもなつお》がフランスの思想潮流を彼女に伝えたのがきっかけです。三雲さんが留学したとき、同じ船に乗っていたのが遠藤周作と、のちに司祭となる井上洋治でした。井上洋治もまた、越知保夫に強く反応した人物の一人です。私が越知保夫を知ったのは、井上神父の自伝『余白の旅』を読んだのがきっかけでした。それからしばらくして、私は井上神父に師事することになります。彼が読んだ『好色と花』は、今、私の書棚にあります。

三雲さんが須賀さんにムーニエの話をした頃、ムーニエの『人格主義』の翻訳が出版されます。その訳者の一人が越知保夫でした。須賀さんは、この訳書を読まなかったでしょうか。彼女はのちに、ムーニエは、もっとも影響を受けた思想家の一人だったと書いています。越知保夫と須賀敦子、二人の作品と生涯を見るとき、ムーニエをめぐる機縁を、単なる偶然だと片付けることはできません。二人がもし、会うことがあったら、その瞬間に十年来の知己になったでしょう。

また、吉満さんがフランス留学中に師事したジャック・マリタンとその夫人ライサの共著『典礼と観想』を、一九六七年に須賀さんが訳しています。このとき、すでに越知さんは亡くなっています。生きていれば必ず手に取り、何かを感じただろうと思います。

この訳書のことは、須賀さんの年譜に載っていません。イタリアに渡る前の須賀さんは、翻訳を通じて同時代の優れたカトリックの思想家を熱心に紹介しています。この業績については、別に論じてみたいと考えています。それらの訳業は、カトリシズムが内蔵していながら、近代日本においては十分に開花できなかった問題を明らかにしています。

それは、宗教の核とは、組織としての教会や聖職者ではなく、信徒の信仰によって形づくられる不可視な「教会」であり、信徒一人一人の魂にある、内なる「教会」である、という革命的な思想です。

彼女がイタリアに渡ったのは一九五八年です。結婚するのは一九六一年、越知さんが亡くなった年です。そして彼女の旦那さんが亡くなるのが一九六八年です。彼女の結婚生活は七年に満たない。旦那さんはペッピーノといい、ミラノで出会います。須賀敦子の文学は、どんな小品であれ、すべてペッピーノへの手紙です。より正確にいえばペッピーノの呼びかけに対する、須賀さんの応答です。死者である夫はいつも須賀さんから離れない、その呼びかけに、彼女は書くことで応えるのです。須賀敦子の文学こそ、死者の文学と呼ばれるにふさわしい、と私は思います。

彼女はペッピーノに出会ってから、本格的に文章を書き始めます。それ以前にも優れた翻訳や小品はありますが、理知によらず、血で書くような文章はミラノに行ってからです。彼女はペッピーノの協力を得ながら、「どんぐりのたわごと」という名の小冊子の発刊を始め、日本へ送ります。手書きのガリ版刷りの冊子です。須賀さんの古い友人たちは、みんなそれを読んでいた。須賀敦子の文学の原型はここに結実しています。晩年の小説はその発展です。

須賀さんの処女作は、『ミラノ　霧の風景』です。この本の「あとがき」に彼女は、「いまは霧の向こうの世界に行ってしまった友人たちにこの本を捧げる」と書いています。「霧」は、表現としては隠喩ですが、けっして幻想ではありません。ミラノは霧の濃いところだと、須賀さんはしばしば記しています。ミラノの霧は濃い、と彼女が書くとき、それは喪った夫、死者である彼を、悲しいまでに感じているときです。そんな思いがこめられた言葉を読んでみます。

これから読むのはウンベルト・サーバという、須賀さんがとても愛したユダヤ人詩人の作品です。彼女はこの詩を、処女作のあとがきに引いています。訳詩は熟読されたのちに生まれます。翻訳はときに、自身で書く言葉よりも、魂の声を直接的に表現することがあります。不思議なことですが、文学の歴史ではそうしたことがしばしば起こります。「灰」と題された詩です。

死んでしまったものの、失われた痛みの、
ひそやかなふれあいの、言葉にならぬ
ため息の、
灰。

「失われた痛み」は、死者との「ひそやかなふれあい」の証だが、その神秘はどうにも言葉になろうとせず、その感動はためいきとなる、というのです。もう一つ、読んでみます。作品名は「三つの都市」で、副題が「ミラノ」という詩です。須賀さんはこの詩を、代表作となった『コルシア書店の仲間たち』の扉に引いています。

石と霧のあいだで、ぼくは
休日を愉しむ。大聖堂の
広場に憩う。星の
かわりに
夜ごと、ことばに灯がともる

人生ほど、
生きる疲れを癒してくれるものは、ない

「石」とは生者の世界です。「霧」は、生者と死者の世界のカーテンです。そこで彼は「休日を楽しむ」。また、「大聖堂の広場に憩う」とありますが、「大聖堂」というのはおそらくミラノにあるカトリック大聖堂です。サーバはユダヤ人です。その魂にはユダヤ教の血が流れている。その彼が、異教徒の聖堂で死者を感じて憩う。死者との交わりは、宗教の壁の彼方で起こる、とサーバはいうのです。

「星のかわりに」、「夜ごとことばに灯がともる」。「星」は、死者がその姿をはっきりと顕わす様子を示していますが、死者の訪れは、必ずしもそうしたかたちとはかぎらない。それは、しばしば「ことば」となって顕われる。ここでの「ことば」は詩の言葉ですから、必ずしも言語とは限りません。詩とは、言語を通じて、言語の彼方の世界があることを証する試みです。そこでの「ことば」はときに、色にも音にも光にも変じる元型としての「ことば」です。

そして最後に「人生ほど、／生きる疲れを癒してくれるものは、ない」、生きているということは、死者と日々つながることである、こんなに大きな慰めがあるだろうか、とサーバは詩を終えるのです。

須賀さんがこれらの詩を訳したのは、それが美しいからというだけでなく、自分がそこに新たに言葉を添える必要はないと感じたからです。須賀さんにとってはもともと、文学とは自己表現の手段ではありません。それは自分を在らしめている者への応答ですから、自著も翻訳も区別はなかったと思います。須賀さんは、何を訳すかをとても慎重に選んでいます。私たちはそのほとんどを、彼女自身の軌跡として読んでよいのだと思います。

作品は読まれることで完成します。須賀さんは生前から多くの読者を得ましたが、その作品は、未だ大いなる秘密を明かしてはいないように思います。須賀さんの文学と信仰は不可分です。これからも皆さんと共に、須賀さんの作品の「完成」に近づいていくことができればと考えています。

ここで私の話は終わりにします。長い時間、ご静聴いただきありがとうございました。

品切れ中の参考文献
藤本正高『基督の復活と死者の甦り』（藤本正高著作集　第四巻　藤本正高著作集刊行会）
矢内原忠雄『信仰と人生』（『キリスト者の信仰　Ⅶ』岩波書店）
藤井武『羔《こひつじ》の婚姻』（藤井武全集　第一巻　岩波書店）
『沙漠は番紅花《サフラン》の如く』（藤井武全集　第三巻　岩波書店）
吉満義彦『カトリシスム・トマス・ニューマン』（吉満義彦全集　第四巻　講談社）

＊本篇は、二〇一二年六月十六日に上智大学で開催された、キリスト教文化研究所主催の講演会「カトリシズムの再生」にて、「近代日本におけるカトリック文学――吉満義彦から須賀敦子まで」と題して行なわれた講演の記録をもとに書き下ろされた。表題も内容にしたがって改めた。

あとがき

二〇一〇年七月、妻を喪ってから五カ月ほど経ったある日、東北へ向かった。遠野で有機栽培をする農業家に会うという仕事が表向きの目的だったが、本当の理由が別にあることは、はっきりと感じていた。何であるかは分からない。だが、このときわが身を動かしてみなければけっして止むことのない、静かな、しかし強い、ほとんど衝動といってよい促しに襲われていた。

夜、街灯もまばらな、鎮まりかえった遠野の道を数時間歩いた。歩くことをやめることができなかった、と言った方が正確なのだろう。私はどこからともなくやってくる、茫漠とした呼びかけを感じていた。だが、聴き逃すまいと立ち止まると、その「声」を見失ってしまう。いくら歩き続けても、何を告げられているか、とらえ切ることはできなかったが、そのときはなぜか、このままで充分だと感じられた。あの夜の感覚は、今も昨夜のことのように生々しくよみがえってきて、いっこうに消えようとしない。

翌日、朝早く起きて、盛岡へ向かった。駅に着くと、雨が強く降っていた。タクシーに乗って岩手県立美術館へ行く。彫刻家舟越保武の代表作を含む常設展を見るためだった。舟越保武が現代日本を代表する芸術家の一人であることは論をまたない。だが、このとき、私は舟越に格別の関心があったのではない。舟越の名前をはじめて聞いたのは十九歳の頃である。カトリックであるということもあって、彼の名前は親しかった。当時、私の周囲には舟越の作品を熱く語る人が複数いて、ダミアン神父の像は、どうしても見なくてはならない、それはカトリックである者の「義務」である、と言う者すらいた。

それからおよそ二十五年が経過して、その間に舟越保武をめぐる新しい経験があったわけではない。彼の作品も文章も依然、ふれる、という点においては、私にとってはまったく未知のものだった。むしろ、自分がこの彫刻家に興味を示すことのできない理由がわからず、訝《いぶか》しく思っていたくらいである。そして、このとき引き込まれるように一人の兵士をかたどった「原《はる》の城」の前に立った。

この像をめぐる予備知識は皆無に等しかった。男は島原の乱で討ち死したのだった。像の背面には「寛永十五年如月二十八日の城本丸にて歿」と記されている。

無名の兵士の没した期日を知るには、没した本人に出会うほかない。のちに彼は作品と同名のエッセイ「原の城」にこう書いている。「永い間、私の頭の中に育っていたものがやっと出来上がったので安心したためか、この頃は原の城の幻影が私を悩ますことはなくなった」。舟越は想像をふくらましたのではない。彼は見たままの事実を刻みこんだのである。また、舟越は後年、親友でもあった佐藤忠良との対談でもこの作品を次のように語っている。

「在る」ということの実像に対して、あの像は出発からして虚像のようなものがあった。現実と幻想の間を浮遊して、目の前から消えてしまうようなものにしたかった。像の前に立っている人に、この像が消えてしまうような幻覚を感じさせたいと、うまく言えないがそんな気持ちがあった（『彫刻家の眼』）

ここで「幻覚」と舟越が書くとき、それはむしろ、私たちが五感で感じる彼方にある実在の顕われを意味している。実在にふれようと思うなら、人はひとたび、目だけで見ることをあきらめなくてはならない。

「目の前から消えてしまうようなもの」にしたかった、「像の前に立っている人に、この像が消えてしまうような幻覚を感じさせたい」と彼はいう。

見方を変えれば、何かを見失うということは、それにふれ得たことのもっとも確かな証ではないだろうか。ふれなかったもの、また、存在しないものを、どうして見失うことなどできようか。

「原の城」に没年が刻まれたのを見たとき、私は、遠野の夜、自分が見失ったのもまた、死者の声であることを、おぼろげながらに感じはじめたのだった。それがはっきりと覚知されたのはおよそ二年後、『魂にふれる』を書き終え、本書に収録したブックリストを書いていたときである。

本書には二つの講演録が収められている。だが、ほとんど「書き下ろし」といってよいほどに加筆されている。講演とは、講演者とそこに集まった人々との間に放たれる言葉の火花のことだから、それをすべて文字に再現することは、もともとできない。講演者の言葉は、聞かれることによってはじめて意味を帯びる。言葉が完結するのは、書かれた文字同様、講演においても耳を傾けてくれる人々によってである。

ここで「人」というとき、そこには生者に随伴する死者も含まれる。むしろ、定着させたいと願ったのは、死者たちとの邂逅である。それは、あのとき、死者たちもまた耳を傾けてくれたのではないか、という微かな実感でもある。

書物はいつも、言葉を信じている幾人かの真摯な協同によって生まれる。書き手、編集者、校閲者はもちろん、その販売に携わる者もその誕生に大きく関わっている。さらに本書の場合、講演を実現してくれた関係者が加わる。この場を通じ、改めて講演の共催に賛同して下さった四つの書店（紀伊國屋書店、三省堂書店、東京堂書店、八重洲ブックセンター）と、竹内修一教授をはじめ上智大学キリスト教文化研究所の皆さまにも、深く感謝を申し上げたい。

若松英輔

二〇一二年九月二十二日　彼岸の中日

若松英輔（わかまつ　えいすけ）

1968年生まれ。慶應義塾大学文学部仏文科卒業。批評家。（株）シナジーカンパニージャパン代表取締役。「越知保夫とその時代」で第14回三田文学新人賞受賞。その後『三田文学』に「小林秀雄と井筒俊彦」、「須賀敦子の足跡」などを発表し、2010年より「吉満義彦」を連載。また『小林秀雄——越知保夫全作品』（慶應義塾大学出版会）を編集。著書に『井筒俊彦　叡知の哲学』（慶應義塾大学出版会）、『内村鑑三をよむ』（岩波書店）、『神秘の夜の旅』、『魂にふれる—大震災と、生きている死者—』（共にトランスビュー）がある。

死者との対話

二〇一一七年四月五日　初版第二刷発行

著者　若松英輔

発行者　工藤秀之

発行所　株式会社トランスビュー
東京都中央区日本橋人形町二-三〇-六
郵便番号一〇三-〇〇一三
電話〇三（三六六四）七三三四
URL http://www.transview.co.jp

印刷・製本　中央精版印刷

ISBN978-4-7987-0131-8 C1095